"Literalmente un m
que desea crecer ha
a asuntos de mayordomía. La presentación sobre la misión, visión, valores y liderazgo será útil para cualquier líder en la iglesia. La consideración que demuestra la diferencia entre 'pidiendo prestado el dinero' y 'estar endeudado' es suficiente para comprar el libro. Estoy muy contento en recomendarlo"

—Eugene Habecker, presidente
American Bible Society

"Este libro será una gran ayuda a cada pastor y a cada miembro de la junta directiva quienes enfrentan su primer programa de construcción en su iglesia. Las sólidas sugerencias de Pat ayudará a salvar a pastores y comités de construcción de los errores no necesarios y costosos que puedan afectar negativamente el futuro de la iglesia. ¡Haga que la lectura de este libro sea un requisito para ser un miembro del comité de construcción!"

—J. David Schmidt, consultante de liderazgo
J. David Schmidt and Associates

"Cualquier persona que esté considerando construir encontrará muy beneficiosas las sugerencias y profundas prácticas ofrecidas por Patrick Clements en *Cómo construir y financiar su templo*. Si el proceso tiene faltas, el producto va a tener faltas. Este libro ayudará a garantizar un proceso que resultará en un programa de construcción libre de confusión, errores innecesarias y planeación insuficiente"

—Alton Garrison, D. D., superintendente de distrito
Distrito de Arkansas, Asambleas de Dios

"Para cualquier iglesia anticipando la construcción de nuevos edificios, expansión o reubicación, Pat Clements ha considerado sistemáticamente cada aspecto para dirigir y cumplir un proyecto sano, exitoso y sólido. Este es el libro más completo que leerá en cada aspecto de construcción"

—Dennis A. Davis, director ejecutivo
Robert Schuller Ministry to Ministers

"Después de leer el nuevo libro de Pat Clements, *Cómo construir y financiar su templo*, yo pensé: *por fin, consejo sólido, verdadero y práctico para todos los que necesitamos ayuda para encontrar el camino seguro en el campo minado de cemento y dinero*. El libro nos toma de la mano magistralmente y nos dirige a través de uno de los caminos más difíciles y confusos del ministerio. ¡Es un plan que no puede fallar!"

—T. Ray Rachels, superintendente del distrito
Distrito de California Sur, Asambleas de Dios

"Este es un libro 'obligado' para pastores, personal en la iglesia y líderes. Es práctico y bíblico, al guiarnos a construir una congregación con una misión y visión profundamente espirituales. Pat nos da consejo sabio para los líderes de la iglesia, mucho más allá de la construcción de un edificio"

—Jerry E. White, Ph. D., presidente
The Navigators

"Una guía de referencia valiosa, llena de sabiduría ganada por toda una vida de experiencia"

—B. Rupert Koblegarde, abogado

"¡Este libro práctico y completo debe leerse y ponerse muy cerca de las Biblias de cada líder de la iglesia! De esta forma les hará recordar que deben 'contar el costo' antes de construir; deben orar y formar una visión: una prioridad para el proceso de construir una iglesia."

—John Pearson, *CEO*
Christian Management Association

"Cada pastor que tiene una iglesia creciente, tarde o temprano es enfrentado con un programa de construcción. *Cómo construir y financiar su templo* es un excelente primer paso para situarse en el camino correcto. Este libro le da una riqueza de información de referencia para ayudarlo a formar un plan claro de acción. Debe ser parte de la biblioteca de cada pastor"

—Dr. William Charmichael, presidente
Virtue Ministries
Antes editor de *Good Family Magazines*

"Las sugerencias oportunas, el proceso de paso a paso y las realidades pragmáticas de Clements son increíblemente valiosas. Yo no sé como una persona podría empezar a construir sin leer este libro. Indispensable para pastores, juntas directivas, congregaciones y la comunidad"

—Jim Gwinn, presidente
Crista Ministries

"Un recurso de mucha ayuda para pastores y congregaciones que están deseando construir nuevos edificios para alcanzar a más personas para Jesucristo"

—pastor John Palmer
Primera Iglesia de las Asambleas de Dios, Des Moines, Iowa

"No puedo pensar en otro individuo más calificado para hablar del financiamiento de iglesias y programas de construcción que mi amigo Pat Clements. Él tiene muchos años de experiencia trabajando con cientos de iglesias en desarrollar programas muy exitosos. Este libro será de gran ayuda para cualquiera que esté considerando aumentar sus programas, edificios e influencia para la gloria de Cristo. Contiene metodología práctica y probada que se puede adaptar fácilmente a cualquier situación"

—Ted W. Engstrom, presidente emérito
World Vision

"Por fin tenemos un libro de referencia práctico y legible que considera todos los aspectos del proceso de construir un templo. Patrick pone a un lado el mito de que todo lo que necesita para construir un templo son planos con la pasión de un pastor, la experiencia de un banquero y la sabiduría de un empresario"

—Dennis Batty, *AIA*
The Dennis Batty and Associates Group, Inc.
Arquitectos e ingenieros

"*Cómo construir y financiar su templo* es un recurso valioso para cualquier iglesia, ministerio cristiano, oficina administrativa y ministro. Hay inspiración en cada página apoyada por instrucción que se puede hacer funcionar en planeación, crecimiento y financiamiento"

—Terry Raburn, superintendente del distrito
Distrito de Florida Peninsular, Asambleas de Dios

CÓMO CONSTRUIR Y FINANCIAR SU TEMPLO

Una guía paso por paso para su éxito

CÓMO CONSTRUIR Y FINANCIAR SU TEMPLO

Una guía paso por paso para su éxito

PATRICK L. CLEMENTS

EDITORIAL PORTAVOZ

Título del original: *Proven Concepts of Church Building and Finance*, © 2002 por Patrick L. Clements y publicado por Kregel Publications, P.O. Box 2607, Grand Rapids, Michigan 49501.

Edición en castellano: *Cómo construir y financiar su templo*, © 2002 por Patrick L. Clements y publicado por Editorial Portavoz, filial de Kregel Publications, Grand Rapids, Michigan 49501.
Todos los derechos reservados.

EDITORIAL PORTAVOZ
P.O. Box 2607
Grand Rapids, Michigan 49501 USA

Visítenos en: www.portavoz.com

ISBN 0-8254-1135-1

1 2 3 4 5 edición / año 06 05 04 03 02

Impreso en los Estados Unidos de América
Printed in the United States of America

CONTENIDO

LA ORACIÓN:

UN CIMIENTO FUERTE Y SEGURO

Solamente un necio empezaría levantar las paredes de un edificio sin primero establecer un cimiento. Sin embargo, eso es precisamente lo que nosotros hacemos como pastores y líderes si iniciamos planes de construcción y proyectos de ministerio sin primero establecer el fundamento de oración. Hablamos mucho de la oración en la iglesia, pero ¿cuánto tiempo realmente tomamos para orar?

Si tú estás pegando tu cabeza contra la pared porque necesitas encontrar un terreno, necesitas reubicarte, necesitas hacer esto o aquello para seguir adelante, mi reto para es apliques el Salmo 46:10: "Estad quietos, y conoced que yo soy Dios". No importa que tan lleno está el lugar de estacionamiento, o que tan lleno está el calendario de la iglesia, o que tan ocupado estás en el ministerio, yo creo que Dios te estás llamando a entrar en ese lugar quieto de oración y recordar que Él todavía es Dios. Todavía está en los cielos, y que no se ha olvidado de ti. Eres una parte estratégica de su plan para alcanzar a tu comunidad y el mundo, y tienes que pararte por un tiempo para reconocerle a Él, confiar en Él, y escuchar de Él.

Un querido amigo mío, ahora retirado, dijo una frase en unos de sus predicaciones que ha quedado conmigo por los últimos diez años o más. Él dijo: "Cuando Dios está cerca, lo que está pasando no es lo que está sucediendo". Muchas veces, cuando nos enfocamos en nuestra agenda, y estamos evaluando "lo que está pasando", no nos damos cuenta de lo que realmente está sucediendo. De la misma forma, sí desatendemos a la oración durante el proceso de expansión, o lo ignoramos, corramos el riesgo de perder el plan y propósito milagroso de Dios. Él tiene más reservado para ti y tu congregación que solamente un edificio.

Durante mis años de servicio como pastor asociado en Dublin, California, cuando estábamos recorriendo esa área en búsqueda de un terreno económico para edificar un edificio nuevo, y habíamos estado orando seriamente por la dirección de Dios por mucho tiempo, yo no me di cuenta de que Dios estaba preparando a un hijo de predicador que ni servía a Dios para ofrecernos un terreno perfecto, y en el proceso, atraer a este hombre otra vez a la iglesia. Aún después de que el acuerdo había sido hecho, tomé mucho tiempo para poder reconocer que yo había visto un milagro fenomenal en la vida de este hombre. Yo estaba tan involucrado en el hecho de comprar esta propiedad para la iglesia que casi faltó el aspecto más significante de lo que Dios había hecho a través de este proceso. Persistir en la oración nos mantiene enfocado en lo que Dios está haciendo en medio de nosotros.

Empieza con una temporada de oración

La oración es tan fundamental a la dirección y éxito de tu ministerio que yo te sugiero que lo hagas tu más alta prioridad. Sí ya no estás orando consecuentemente como líderes y como congregación, yo te sugiero fuertemente que ponga a lado actividades menores e inicia un tiempo dedicado a la oración. Persistes y perseveres hasta que la oración se convierte en una parte vital de la sustancia de su ministerio como el cuerpo de Cristo. Como Jim Cymbala, pastor de Brooklyn Tabernacle, dice en su libro *Fuego vivo, viento fresco:*

Si nuestras iglesias no oran, y si el pueblo no tiene apetito de Dios, ¿qué importancia tiene la cantidad de gente que asiste a nuestros servicios? ¿Qué impresión le causaría eso a Dios? ¿Puede usted imaginarse a los ángeles diciendo:

La oración

—¡Vaya, qué bancas! ¡Son de una belleza increíble! Aquí en el cielo hemos estado hablando acerca de ellas durante años. La iluminación de su santuario es muy ingeniosa. La forma que tienen escalones que ascienden hasta el púlpito. ¡Qué maravilla…!
No lo creo.

…¡Que tragedia que la calidad de un ministerio se mida con demasiada frecuencia por números y tamaño de edificio en lugar de hacerlo por genuinos resultados espirituales! [Jim Cymbala con Dean Merrill, *Fuego vivo, viento fresco* (Miami: Editorial Vida), 1998 por Jim Cymbala, pp. 56-57.]

"Genuinos resultados espirituales" solamente crecerán en una atmósfera de oración consistente y persistente. Si fuera por mí, antes de tomar otro paso en el proceso de construcción, yo iniciaría una temporada de oración sincero para preparar los corazones y mentes de su congregación para oír del Señor lo que son sus planes para ellos. Además de estos tiempos de oración específica entre sus líderes y a través de toda la congregación, yo me juntaría a un grupo de intercesores con compromiso para empezar a orar diariamente —específica y persistentemente— para la iglesia y sus planes. De hecho, la oración intercesora debe llegar a ser una parte central y estratégica del proceso del comité de construcción.

Por supuesto, esto no significa que no actúas. No te estoy sugiriendo que debes orar y después sentarte y esperar a que Dios te regale algo gratuitamente. A veces así lo hace, pero no debemos suponer de sus métodos, maneras, o tiempos. Eso no es lo que la Biblia nos dice de esperar y orar. Nos dice la Palabra que debemos de estar obrando para el Señor, y eso es una frase activo. Pero todavía podemos ser quietos en nuestros espíritus, esperando a que Dios abre la puerta, o que nos demuestra su dirección.

Cómo construir y financiar su templo

Cuando pastores son comprometidos a la oración, cuando el liderazgo se haya entregado a la oración, cuando la congregación ha tomado de corazón la importancia de la oración y han empezado a venir a las reuniones de oración, entonces su iglesia ya está lista para moverse adelante en el proceso de la creación de la visión. Si evitas la oración, su visión será a menudo demasiado débil y terrenal. Una visión débil y terrenal no es un cimiento sobre la cual podemos edificar la iglesia de Jesucristo. No intentas apresurar este proceso. Espera en el Señor hasta que Él lo hace claro en cual dirección debes seguir. Haz lo que tengas que hacer, pero no empiezas un proyecto de construcción sin primero poner el cimiento firme de la oración.

Esperar en el Señor a través de la oración

Yo oí una gran historia que contó John Maxwell hace unos años que ilustra hermosamente el poder de la oración y la sabiduría de esperar hasta que el Señor revela su plan y propósito completo. Así es como lo contó:

En 1981, yo me fui a San Diego, California, y no había estado allí mucho tiempo antes de que Dios empezara a bendecirnos y la iglesia empezó a crecer y la gente se salvaba, y yo me di cuenta de que nos estaba acabando el espacio rápidamente… Entonces empecé a orar para que Dios nos diera un terreno.

Encontramos treinta hectáreas no tan lejos de la iglesia, junto al autopista, y estaban pidiendo dos millones de dólares por ella. Nosotros pensábamos que seguramente ese terreno era nuestro. Yo tengo cien hombres en mi iglesia que oran por mí cada día, cien compañeros de oración. Cada domingo —espero que puedas venir algún día— a las 7:30 cuando se ve a hombres caminando de un lado del santuario a otro, imponiendo manos sobre cada banca, cubriendo el

La oración

santuario en el poder de Dios antes de que venga cualquier persona. A las ocho ellos me rodean e imponen manos sobre mí y oran para mí y me levantan los brazos como a Aarón y Hur. Después me voy a predicar en esos cultos de la mañana y todos ellos se suban al Aposento Alto y oran durante todo el servicio, intercediendo por el culto.

Yo llevé conmigo a cien hombres a ver la propiedad. Yo les dije: "Muchachos, yo pienso que esto es. No mas míralo. Está junto al autopista, treinta hectáreas, por solamente dos millones", que no era mucho dinero en San Diego. Yo les dije: "Vamos a orar acerca de esto", y oramos toda la mañana. Al medio día, nos regresamos. Nos miramos los unos a los otros y todos sabíamos que eso no era la propiedad. Dejamos a ese terreno y el próximo domingo yo vine a mi congregación y ellos pensaban que íbamos a votar para comprar el terreno, y les dije: "No vamos a votar. No es nuestra propiedad". Sabíamos que era Dios, pero no pudimos entender porque no nos dejó Dios comprar esa propiedad.

El próximo domingo, yo prediqué acerca de Elías. ¿Recuerdas cuando después del monte Carmelo y la sequedad, él envió al sirviente para ver si venía la lluvia, y cuando regresó le dijo que había una nube del tamaño de la mano de un hombre? Ese día, entregamos nubes —nubes de etiqueta— del tamaño de la mano de un hombre, y le dijimos a todos que los pusiera en sus Biblias y en sus frigoríficos para que cada vez que vieran esas nubes, empezarían a orar por un terreno para la iglesia. Entonces empezaron a orar. Por tres años oramos, y de repente había un terreno que queríamos, pero los dueños no querían venderlo a nosotros porque era propiedad industrial. Seguíamos intentando y ellos seguían diciéndonos: "no". Seguíamos diciendo: "Pero esta es la propiedad que creemos que Dios nos a dado".

Y luego, un día, nos llamaron por teléfono y nos dijo: "¿Quiere darnos una oferta por esta propiedad?" Dijimos que "Sí" y nos preguntaron qué queríamos pagar. Ahora, ellos pensaron que la propiedad era de ochenta hectáreas. No estaban seguros, no la habían medido, pero pensaban que era de ochenta hectáreas, allí junto a la autopista de San Diego. Nos dijeron: "Pensamos que es de ochenta hectáreas, más o menos. Lo que sea, eso es lo que recibirán. ¿Qué van a pagarnos?" Y les dijimos: "Les daremos 1,8 millones de dólares". Y se rieron de nosotros.

Yo dije: "Solamente hazme un favor: llévalo delante de la junta directiva del banco".

Ellos dijeron que lo harían, y el próximo viernes nos llamaron y dijeron: "No podemos creerlo, pero les vamos a vender la propiedad". Mira, lo que no sabíamos en ese entonces es que ellos estaban metidos en serios problemas con el banco, y estaban intentando a vender ese terreno lo más pronto posible, y recibir dinero lo más pronto posible. Y nos dijeron: "Si lo vas a comprar, tenemos que hacerlo rápido, y es un espacio abierto y tal vez nunca lo van a vender ni poder edificar sobre ella," porque había tantos problemas ecológicos allí. "Pero —dijeron— tienes que comprarlo tal como es".

Les dijimos: "Perfecto".

Y ellos nos dijeron: "Pero ustedes tienen que comprar los derechos de agua". Y nos dijeron: "Los derechos de agua les costarán 75.000 dólares," y nos dieron el triple de derechos de agua de lo que necesitábamos, y nosotros teníamos que pagarlo.

La oración

Ahora, mira esto:

Ellos inspeccionaron el terreno, y en vez de ochenta hectáreas junto a la autopista, fueron 110 hectáreas. Dios nos dio treinta hectáreas de terreno gratis en San Diego. Amigo, eso es tan impresionante como cuando Jesús multiplicó el pan y los peces. ¿Recuerdas los treinta hectáreas que no compramos por los dos millones? Él nos lo dio gratuitamente.

Los vecinos dijeron que "no", no nos querían cerca de ellos. Nos fuimos a una reunión y ellos tenían una petición de 227 hogares. Yo hablé con el hombre que hizo la petición y le dije: "¿Quiere ir a almorzar?" Él me dijo que sí, y el próximo día yo le llevé a comer... y compartí con él mi corazón y mi visión. Y después le miré y pude ver que estaba vacío por dentro. Le dije: "Ya no hablamos de la propiedad; hablamos de usted". Y él aceptó a Jesús. Y cuando terminé de orar por él, me dio un abrazo y me dijo: "Ahora voy a buscar una petición para que sí entran en nuestra área".

El mismo hombre, cinco semanas después, entró con todas las peticiones de la vecindad, menos cinco, para que nosotros entráramos en la propiedad.

La comisión de planificación nos dijo que no; la ciudad nos dijo que no; la comisión del condado nos dijo que no. Cuando llegamos a ver la junta de directores, ellos nos dijeron que sí.

Después algo más sucedió. Estaban discutiendo acerca de otro terreno de 20 hectáreas que estaba en medio del distrito de agua y del condado, y estaba casi entrando en nuestra propiedad, y había tanta disputa y fue tan político y una situación muy sensitivo que por fin dijeron: "No lo vamos a dar a ninguno de ustedes, sino lo vamos a regalar a la iglesia". Y nos dieron otro 20 hectáreas de terreno.

Ah, ¿y los derechos de agua por las cuales teníamos que pagar 75.000 dólares? Teníamos una sequía en San Diego. Ellos regresaron en dos años y nos dijeron: "¿Recuerda esos derechos de agua que les vendemos por 75.000 dólares? Le cobramos mucho, mucho más de lo que hubiéramos debido cobrarles y no necesitan tanto. De hecho, solamente necesitan un tercero de lo que les vendemos".

Les dijimos: "Ya sabíamos eso".

Y ellos nos dijeron: "¿Podemos comprar los dos tercios que no necesitan?"

Les dijimos que sí, y ellos lo compraron por 150.000 dólares.

¿Y las restricciones que teníamos sobre la propiedad? Nos habían dicho que no podíamos venderlo a nadie más, y si no pudimos construir [la iglesia] sobre ese terreno, tendríamos que devolver la propiedad al banco en cinco años. Ahora nos dijeron que iban a cancelar las restricciones, y cuando lo hicieron, solamente la parte industrial del terreno tiene un valor de entre 6 y 8 millones de dólares.

Entonces, ¿qué es lo que tenemos? Tenemos 130 hectáreas de terreno junto a la autopista con más de dos kilómetros de fachada. Y literalmente, cuando vendemos la parte industrial, ... la propiedad ya será pagada. Tendremos de seis a ocho millones por la propiedad, y tendremos toda esa propiedad literalmente gratis. Lo tendremos gratis, todo nivelado, y estaremos listos para construir.

¿No es bueno Dios?

[John Maxwell, predicación en una conferencia en Dallas, Texas. Transmitido como *Parenting with Love* por Enfoque a la Familia, derechos reservados por Focus on the Family, 1999.]

Si oras con la mayor seriedad al Señor, ¿te dará 130 hectáreas con dos kilómetros de fachada? Tal vez, si eso es lo que realmente necesita su iglesia. Esos tipos de cosas sí suceden, porque nosotros todavía tenemos un Dios que hace milagros, quien interviene y cumpla con sus propósitos aquí en la tierra. La importancia de la oración es que nos ayuda mantener el balance entre la fe (lo que esperamos, creemos, y confiamos en Dios) y la realidad (lo que vemos con nuestros dos ojos), y nos mantiene enfocado en lo que Dios quiere hacer *a través* de nosotros, en vez de nuestros propios planes grandiosos.

En cada etapa del proceso de construcción, yo te animo a comenzar cada reunión empezando con la oración, aún cuando esté presente uno que no sea cristiano. Toma en cuenta de que el gran propósito va mucho más allá que ladrillos y cemento. Sé diligente y cubre todo el proceso intencionalmente con la oración, y mira cómo Dios va a responder.

Busca la hermosa heredad de Dios

Salmo 16:5-6 (NVI) es un versículo importante para mí: "Tú, Señor, eres mi porción y de mi copa; eres tú quien ha afirmado mi suerte. Bellos lugares me han tocado en suerte; ¡preciosa herencia me ha correspondido". Yo veo estos versículos como un recuerdo de que cuando uno está caminando con el Señor, Él provee todo lo que necesita en la cantidad perfecta. Si se mantiene en los lugares que Él ha ordenado, o sea los Diez Mandamientos, la Palabra revelada de Dios, o un llamado específico que ha puesto sobre su vida, hay una promesa de una "preciosa herencia".

El mismo principio se aplica al proceso de planificación estratégica. Si los miembros individuales del comité de planificación están orando, ayunando y buscando sinceramente la mente del Señor y su dirección para el ministerio de la iglesia, la visión, y los planes que resultarán serán una representación razonable de la provisión de Dios para el presente y su plan para su futuro. Una vez que hayas establecido los linderos de tu visión, mientras buscas seriamente las oportunidades, vas a ver la rica bendición de herencia. Y mientras cada nueva "oportunidad maravillosa" venga, vas a tener una manera por la cual evaluarlas. Lo mismo es verdad para tus decisiones de construcción. La búsqueda llena de oración para su visión te permite ser decisivo e intencionado mientras pases por el proceso de planificación, haciéndolo menos probable que seguirás un capricho del momento.

Seis puntos de enfoque de oración

Si la iglesia está creciendo y prosperando, el diablo va a intentar hacer todo lo posible para derrumbar tus esfuerzos. La oración enfocada, comprometida, y persistente es una manera de resistir al diablo y buscar el corazón y la mente de Dios. Cuando tu congregación se reúne para orar por el futuro de tu ministerio, enfóquese en los seis puntos siguientes:

• Ora por la sabiduría de los pastores y otros líderes.

• Ora por la unidad entre la congregación.

• Ora para que Dios revele su visión a la iglesia.

• Ora por la dirección de Dios en cómo convertir esa visión en pasos de acción que tendrán un impacto positivo en la comunidad.

• Ora por el tiempo correcto de Dios.

• Ora por la provisión de recursos para hacer a la visión una realidad.

Si haces el compromiso para orar —y no te mueves antes de que te responda Dios— serás como el "hombre que edifica una casa, el cual cavó y ahondó, y puso el fundamento sobre la peña; y cuando vino una inundación, el río dio ímpetu en aquella casa, mas no la pudo manear: porque estaba fundada sobre la peña" (Lc. 6:48). Sobre un cimiento firme de oración, serás listo para definir la misión y visión de tu iglesia.

CAPÍTULO 1

UNA NOTA ESPECIAL PARA PASTORES

Antes de animar a la congregación a empezar un proyecto de construcción, toma un minuto y evalúa donde estás en el ministerio. ¿Estás comprometido a seguir adelante con la congregación, o tienes la inclinación de buscar otra iglesia en unos años? Si tienes el hábito de mudarte, quiero retarte a tomar un punto de vista de largo plazo. Ya que hayas establecido confianza y amistades con una congregación, ¿por qué quieres echar a perder esa confianza mudándote a otra congregación desconocida? ¿Por qué no quedarte para recoger la cosecha de tus años de ministerio?

A través de los años, he notado una forma de pensar prevaleciente que puede afectar a pastores, especialmente pastores de iglesias pequeñas. Es como sigue: "Soy pastor de una iglesia pequeña, entonces soy más o menos un pastor pequeño. Un día voy a llegar a pastorear una iglesia grande y en ese entonces seré un pastor grande". Más que nunca, me parece que "llegar a pastorear una iglesia grande" significa mudarse a otra iglesia en vez de edificar la iglesia donde estén hoy. La mayoría de los pastores no dirían eso abiertamente, pero la actitud se refleja en la manera en que se cambian de una congregación a otra. Desgraciadamente, "saltando de iglesia a iglesia" roba al pastor de su visión para el crecimiento y la durabilidad en sus circunstancias actuales, y roba a sus congregaciones de estabilidad y la perspectiva de largo plazo del plan y provisión de Dios.

Cómo construir y financiar su templo

Cuando yo conozco a un pastor que expresa alguna variación del pensamiento del "pastor pequeño", usualmente le pregunto: "¿Cómo sabe que el próximo Billy Graham no está en uno de las clases de la escuela dominical?" Piénsalo. ¿Qué tan grande fue la iglesia en la cual asistió Billy Graham cuando fue niño? Yo no sé si es verdad o no, pero el pastor de esa iglesia pequeña del campo probablemente pensó que era un niño insignificante. Pero algo que ese pastor enseñó o vivió llego a ser parte del fundamento espiritual de Billy Graham.

El punto no es si puede levantar otro Billy Graham —porque cada miembro de su congregación es importante a Dios, si llegan a ser evangelistas que viajan por todo el mundo o no— pero, más importante, ¿estás modelando y derramando tu vida en las vidas de la gente los tipos de cosas que les van a edificar y causarles a ser discipulados para llegar a ser hombres y mujeres de Dios? Olvídate de que tan grande es la iglesia hoy; en vez de eso, pregúntate a ti mismo: "¿Estamos creciendo? ¿Tenemos una visión que va a dirigirnos al crecimiento?" He estado en iglesias que tienen setenta y cinco miembros y están llenos de energía y tienen un gran impacto en su comunidad que les rodea, y he estado en iglesias con el doble de las personas que estaban muertas y listas para derrumbar. La diferencia es la visión.

Mi esperanza es que pastores se comprometen a una vida de ministerio que no incluye cinco congregaciones diferentes en 15 años, pero una congregación con un crecimiento a través de 15 años, tanto por números, a través de evangelismo, y espiritualmente, a través del discipulado. Cuando se considera que toma por lo menos siete años para que un pastor se establezca en su ministerio hasta que llega al punto en que la congregación verdaderamente acepta su liderazgo y empieza a confiar en que no se va a saltar de la barca, pero que el tiempo más común de un pastor en una iglesia es más cerca a cuatro años, no cabe duda porque tantas iglesias tienen dificultades para crecer y prosperar en sus ministerios.

Establece relaciones fuertes

Si no eres un pastor joven en el ministerio, o si la iglesia que pastoreas no es una iglesia recién establecida, es probable que has estado con tu congregación por bastante tiempo. Has establecido unas relaciones firmes dentro de la iglesia, pero también te has encerrado a ti mismo por las mismas relaciones que hayas establecido. Tal vez tu congregación te tiene imaginado como un tipo particular de líder, y ahora está viendo la necesidad de ir en una nueva dirección.

Si tu iglesia está irrumpiendo de crecimiento o si te sientes un poco muerto, la respuesta es lo mismo: necesitas una visión para tu ministerio que se nazca y se mantiene a través de la oración. Todos estamos de acuerdo de que los perdidos necesitan a Jesús, pero *cómo* vas a alcanzarlos con las buenas nuevas es otra cosa totalmente. ¿Cuál vehículo va ser atractivo para ellos?

Si has estado en la iglesia ya por un tiempo y todavía no tienes una misión clara (eso se va más allá de Mt. 28:19-20) y una declaración sólida y escrita de su visión, establecer este fundamento le va a ser difícil. Te vas a encontrar resistencia de los que piensan que una declaración de misión y visión son no más una cosa de empresas seculares que no corresponde a la iglesia. Hay los que tal vez creen que la Gran Comisión es toda la misión y visión que necesita una iglesia. Pero la verdad es que una visión bien concebida establece a cada aspecto de tu ministerio, desde tus sermones a la escuela dominical hasta los planes para el edificio nuevo. Sin una misión y visión clara, estás navegando sin mapas.

La puerta giratoria de la iglesia

¿Por qué sienten los pastores la necesidad de cambiar iglesias cada cuatro años? ¿Cuánto es el resultado de una falta de visión y cuánto es a causa de comportamiento? La respuesta es diferente con cada persona, por supuesto, pero muchas veces el pastor cambia de iglesia porque se siente desilusionado por lo que ha podido hacer, casi una falta de paciencia que las cosas deben estar moviendo más rápido o que algo más debe de estar sucediendo. Pero, sin una visión establecida no hay una manera correcta para medir el progreso.

Después de unos años, el pastor empieza a verse más verde al otro lado de la cerca, y empieza a mirar en otros campos. Sin excepción, en sus circunstancias presentes hubo un conflicto con uno o dos de los miembros de la junta directiva, el pastor había cometido algún error o había ofendido a alguien. Puede ser frustrado, desilusionado, o desanimado porque su ministerio no ha crecido tan rápido como lo había soñado o pensado. Dependiendo de como un pastor se comporta en un conflicto, si es capaz de tratar con los problemas sin herir a las personas —o sin herirse a sí mismo— él puede decidir a perseverar o salir.

Una variedad de temas puede tentar a un pastor a mirar a otras iglesias, pero pueden ser descritos como una insatisfacción general por no cumplir lo que quería hacer. Estos pensamientos pueden empezar con el autoexamen, pero muchas veces al final se enfocan en un individuo o problema en particular en la iglesia. Si le da cuenta que está pensando: "Si solo esa persona mugrosa no estaba en la junta directiva, podríamos hacer algo" o "si tuviéramos un edificio mejor, nuestro ministerio sería más eficaz", es probable que ya está buscando pastos mejores en otro campo.

Siempre he sido muy desconfiado de pastores que dicen: "Si solamente tuviéramos un edificio nuevo, podríamos alcanzar a esta comunidad". Mi experiencia ha sido que no funciona así. Eso no dice que no hay situaciones en que un edificio se construye y un crecimiento explosivo lo sigue, porque eso puede suceder, pero usualmente no es a causa del edificio. Tal vez una manera mejor de acercarse a la situación sería: "Si solo pudiésemos alcanzar a esta comunidad, entonces podríamos construir el edificio que necesitamos", pero muchos pastores no lo vean así.

Escribe un capítulo nuevo en tu ministerio

Dios no llama a un pastor a una iglesia para fracasar. Tal vez lo llama a un tiempo de prueba, pero Él no lo llama al fracaso. Si eres pastor y estás desilusionado por la dirección de tu ministerio, es tiempo de fijarte en los pedazos de la desilusión y preguntarte a ti mismo: "¿Qué puedo traer al liderazgo de mi congregación para reenfocar nuestra visión?"

Pon una línea en la arena y di: "Bueno, hemos venido hasta esta línea. Allá es donde yo pensé que íbamos a estar, pero aquí es donde estamos. Usando nuestra posición actual como un punto de empiezo, ¿qué vamos a hacer para llevar nuestro ministerio al próximo nivel?"

Durante mis 18 años en Plan de Extensión de Iglesia, hemos tenido que reenfocar nuestra visión muchas veces. Yo he tenido momentos en que miré más allá de la cerca al pasto verde allá al otro lado que se veía muy verde. Hubo tiempos en que tenía un conflicto con miembros de la junta directiva o alguno de la compañía. Más de una vez, he retrocedido un poco y me he preguntado: "¿Ya terminó mi tiempo aquí?" Si no, si no siento que Dios me está dirigiendo a otro lugar, ¿pues qué es? ¿A dónde debemos irnos? Para reenfocar la visión, usualmente me pregunto: "Si estábamos empezando de nuevo hoy, ¿hacia dónde apuntaré?" Esa pregunta siempre me ha dado energía, porque me da un problema que tiene solución.

Yo creo que demasiadas veces pastores miran a sus períodos de trabajo en una iglesia como un gran capítulo, en vez de un libro total, la cual incluye varios capítulos. Uno de esos capítulos puede tener el título de "El período de mi descontento", pero ¿quién dice que no puedo cambiar de página y empezar un capítulo nuevo, sin tener que cambiar de libro?

Cómo construir y financiar su templo

No estás en el medio de un capítulo largo y sin fin. Estás en el proceso de escribir la obra de tu vida, y si actualmente estás en un capítulo desagradable, reconoce que hay un fin, cambia de página, y pide a Dios que te revela qué quiera que hagas en el próximo capítulo. ¿Cuál es su visión para la próxima etapa de tu vida? ¿Cuál es su visión para la temporada que viene para la congregación?

Tal vez si tuviera otra herramienta, otro edificio, podría alcanzar la comunidad más eficazmente, pero probablemente hay otra obra que necesita ser cumplida antes de que puedas hacer eso. Un edificio nuevo no es necesariamente la respuesta. Lo que necesitas es una visión de ministerio claro. Ya que esa visión está funcionando, determinará los tipos de herramientas que necesitas para mejor servirle a los propósitos de su visión y misión. Esas herramientas puedan incluir nuevos edificios, programas, u otras construcciones, pero un edificio, en sí, nunca va ser la respuesta.

Despégate y muévete hacia delante

No importa las circunstancias, reconoce que Dios ya no ha terminado con la obra que quiere hacer en tu vida y ministerio. Él tiene planes por toda tu vida y para tu congregación. Esté abierto a la dirección del Espíritu Santo y evite tener las ideas fijas. Al mismo tiempo, compromete a trabajar hacia la significación en vez del éxito.

Si estás abierto al ministerio del Espíritu Santo en tu vida, entonces lo que sea que estés aprendiendo —si son noticias buenas o malas— va a ser de ganancia. Cultiva la actitud de ser un estudiante por toda la vida y reconoce que siempre vas a estar aprendiendo, creciendo, y cambiando.

No importa tus dones y habilidades, tu inteligencia o tu carisma, cuesta años establecer credibilidad y llegar a ser "el pastor" para con todos en la congregación. La mayoría de los expertos del crecimiento de la iglesia dirían que se requiere siete años para realmente empezar a cumplir la visión. Si estás en una iglesia donde se ha experimentado una serie de cambios de liderazgo, puede tardar aún más. Los miembros pueden acostumbrarse a la idea de que el pastor no va a estar por mucho tiempo y empiezan a esperar a que otro ya se vaya. Es lo mismo en el gobierno, donde los burócratas de carrera suelen tener más poder de facto e influencia que muchos oficiales elegidos, simplemente porque las burócratas han estado allí por siempre y van a estar después de que los políticos se vayan. No cabe duda que tu oportunidad para ser significante en las vidas de las personas de su congregación será elevada incalculablemente por la longevidad.

Si eres un pastor nuevo, o si has estado en tu iglesia por algunos años y ya tienes su dirección hecha, pero se levantaste hoy y te diste cuenta de que necesitas un cambio para llegar a donde quieres estar; si no has estado operando de acuerdo a una declaración clara de visión y misión, y no has estado preparando a la congregación para el próximo fase de la vida de la iglesia, el tiempo para empezar es ahora.

De modo realista, debes planear un proceso de seis a nueve meses de enseñanza a la congregación acerca de la misión y visión de la iglesia, las ofrendas dadas de una manera bíblica, la administración en todas las áreas de la vida, la resolución de conflictos, y otras temas claves. Si este proceso va a llegar a ser la estructura de su ministerio, debe ser constante, no más una fase por la cual caminas y pasas.

Mantén la dirección

Trazar una dirección nueva puede incluir el adiestramiento delicado y el desarrollo de responsabilidad en las vidas de tu personal y otros líderes. Probablemente la congregación se compone de un grupo diverso de personas que tal vez no están preparados por el camino que se espera. Tu trabajo es enseñarles cómo llegar a ser la iglesia que Dios les está llamando a ser, sin derrumbar a todos en el proceso. Si eres un pastor joven, o todavía nuevo en la congregación, el trabajo va a ser aún más difícil. Pero si eres genuino y sincero acerca de mantener la dirección y derramar en las vidas de tu gente, si estás buscando cómo esta iglesia va a ser un escalón para llegar a otro nivel de tu llamado al ministerio, si estás pidiendo a Dios cómo puedes derramar tu vida en esa congregación de una manera sana, balanceada, entonces tienes la oportunidad para edificar a tu iglesia para ser la visión mejor que Dios tiene para ella.

Una clave en mantener la dirección es honrar cuidadosamente el pasado mientras continúas adelante hacia el futuro. Yo vi este principio modelado hermosamente en una iglesia donde mi organización les ayudó a financiar un edificio nuevo. En el mismo día en que yo estaba listo para presentar nuestro programa a la congregación, yo tenía una reunión con el pastor y la junta directiva, un grupo de hombres que habían sido criados en la iglesia y ahora eran ancianos. Un hombre había sido el tesorero por 35 años, otro había sido miembro del consejo por 25 años, y varios otros habían servido por más de 20 años. La iglesia misma había tenido solamente cuatro pastores en su historia de 55 años. El pastor actual, de otra forma, tenía 42 años y solamente había estado allí por cuatro años.

Para decir la verdad, yo pensé que nuestra propuesta iba encontrar mucha resistencia de la junta directiva, porque el proyecto implicó mudarse a otro sitio y edificar una estructura nueva. Yo esperaba que la junta directiva de "tanta experiencia" iba a ser resistente al cambio, con el hecho de que todos habían estado en la iglesia por tanto tiempo y porque el pastor, quien estaba dirigiendo el proyecto, era muy joven y había llegado a la iglesia recientemente.

Sin embargo, mientras escuchaba al consejo hablar de la propuesta, de inmediato empecé a sentir el respeto inmenso que ellos tenían por este pastor y su nivel fuerte de apoyo para la visión que él estaba trayendo a la congregación. Lo más que escuchaba, lo más que me di cuenta de que los líderes estaban totalmente en unidad y esperaban los cambios y las nuevas oportunidades que una estructura les daría a ellos. Después aprendí que el pastor anterior, quien había estado allí por más de 25 años, había comprado la propiedad y el pastor nuevo había sido suficientemente sabio para dar a su antecesor un honor tremendo por su liderazgo y previsión. La sabiduría y discreción del pastor joven ciertamente le había ayudado a ganar el apoyo y aprobación de la junta de la iglesia.

Un elemento esencial para el crecimiento a largo plazo es hacer la decisión de ser un estudiante por toda la vida. Comprométase a ser una persona que escucha y observa activamente por toda su vida. Hazlo una parte de tu propósito ser un lector sistemático de libros cristianos y libros y revistas seculares también. Si de verdad deseas ser un líder eficaz, te es esencial que continúas aprendiendo y creciendo.

Otra clave del liderazgo eficaz es crear un clima entre sus líderes y congregación donde el fracaso no les dañara demasiado. De hecho, el fracaso real solamente sucede si no aprendas de tus experiencias. Está bien predicar un mensaje malo y aprender de eso. Está bien empezar un programa, darte cuenta de que no estás funcionando, y terminar con ella. Está bien errar el blanco, admitir que falló y resolver que la próxima vez lo harás mejor. Si tomas la actitud de aprender por toda la vida, entonces cada experiencia es una lección. "Y considerémonos unos a otros para estimularnos al amor y a las buenas obras;… exhortándonos; y tanto más, cuanto veis que aquel día se acerca" (He. 10:24-25).

Si puedes establecer una cultura de aprendizaje en la iglesia —uno que balancea la excelencia con misericordia, la redención, y la gracia— entonces yo pienso que sus probabilidades son excelentes para tener un papel de liderazgo pastoral de largo plazo en un ministerio sano, de apoyo, y de gran crecimiento. Pero, de otra manera, si tus propios inseguridades le tientan a llegar a tener un estilo de liderazgo jactancioso, donde a menudo dice: "Yo he oído de Dios y así es como lo vamos a hacer las cosas", o si creas el clima donde no se permite los errores humanos y cada idea nueva tiene que ser canalizado a través de tu perspectiva estrecha, probablemente un día vas a llegar a "oír de Dios? algo que se va a caer sobre el rostro. ¿Qué va a suceder en ese entonces? ¿Se fracasó Dios?

Yo me preocupo cuando oigo a pastores hablar de lo que yo llamo "administración por revelación" que se puede recapitular en la frase: "Dios me dijo... entonces, ¡súbanse!" Yo no tengo problema con la idea de que Dios hable a pastores y les dé dirección, pero me pongo nervioso cuando la única manera por la cual la congregación puede determinar la dirección es que el líder clave les diga: "Bueno, Dios me dijo esto". Es mucho mejor tener un proceso por la cual las metas, planes y objetivos del ministerio son definidos y desarrollado por todos dentro de la iglesia u organización, quienes individual y colectivamente buscan la mente y voluntad del Señor. La edificación de consenso no es un concepto extraño en la iglesia del Señor Jesucristo.

Trae tu visión al consejo de la iglesia

Mientras continúas aprendiendo y descubriendo cosas nuevas, nunca es tarde para empezar a establecer principios correctos de liderazgo. Como resultado de una nueva convicción o revelación, tal vez habrá temporadas en liderazgo cuando tiene que pararse y decir: "Espera un minuto, yo necesito arrepentirme de esta actitud, o este proceso, o esta forma de comunicar". Empieza a fomentar un clima de franqueza. Deja lugar para el error humano, pero aprende de tus errores e intenta no repetirlas. Busca un estilo más colaborador con su consejo y equipo de líderes. Yo creo que es perfectamente apropiado para el pastor sentarse con la junta directiva de una iglesia y decir: "Yo he estado pensando y orando y leyendo mucho acerca del liderazgo y reconozco que he sido demasiado dominante. Basado en este nuevo entendimiento, quiero cambiar mi forma de pensar y colaborar un poco más con ustedes, pero necesito su ayuda para hacer eso".

Demasiadas veces intentamos esconder nuestras inseguridades y debilidades de otros, en vez de confesar nuestras debilidades y aprender a ayudar unos a otros con nuestras imperfecciones. Que refrescante es cuando un pastor u otro líder puede admitir que no lo tiene todo resuelto. Todos ya lo saben, pero cuando uno lo confiesa abiertamente con un espíritu de humildad, libera a todos a ser más honesto y vulnerable. Una clima de franqueza también abre paso para la creatividad y visión, que es exactamente lo que una congregación quiere y necesita de sus líderes.

Responde a las siguientes preguntas lo más honesto que puedas, y resuelva a tomar cualquiera acción necesaria para poner tu ministerio, tu liderazgo, y la congregación a la ruta correcta.

1. ¿Necesito reparar puentes o corregir alguna mal interpretación con miembros de la junta directiva o comité de planificación?
2. ¿Tenemos un enfoque claro hacia donde vamos?
3. ¿Estamos unidos en ese enfoque?
4. ¿Qué tanto hemos comunicado nuestra misión y visión a la congregación?
5. ¿Cuántas personas genuinamente compartan la visión? ¿Son solamente los líderes claves?
6. ¿Cuáles son las probabilidades que vamos a cumplir las metas de nuestra visión con éxito?
7. ¿Hemos evaluado nuestra habilidad para movernos adelante?
8. ¿Estoy cierto que los cambios propuestos —el nuevo edificio o lo que sea— son para el beneficio del ministerio y la congregación, y no más porque quiero levantar un monumento?

Si has respondido a estas preguntas sincera y honestamente, es probable que tengas un enfoque bueno en lo que se necesita hacer en preparación de un proceso de comité exitoso.

Cómo construir y financiar su templo

Plan de recuperación de desastre

Nunca es demasiado tarde para hacer la cosa correcta. Si la congregación ha empezado un proyecto de construcción sin primero establecer su visión y misión, detiene el proceso ahora y reúna a todos con el mismo propósito. Si estaban de acuerdo a una visión y se han alejado de ella, es una buena idea ponerle los frenos y decir: "Creo que nos vamos hacia la calamidad. Vamos a tomar un minuto e intentarlo otra vez". Es mejor pararse y reconsiderar que seguir adelante y crear un desastre real. Aún si has gastado mucho dinero en el proceso, no destruyas dinero bueno después de gastar tanto dinero malo. Aún si piensa que su reputación como líder está en cuestión, es mejor tomar un paso por detrás, reevaluar la situación, reconocer los errores que fueron cometidos, tratar con los resultados que vinieron a causa de esos errores, y después reconectar a una visión y dirección más enfocado.

Si no corrijas el trazo ahora, más y más personas van a darse cuenta eventualmente que tu proyecto se va en una dirección incorrecta, y la crítica aumentará, hasta que finalmente ocurre un colapso en alguna área. Lo difícil que se pueda verse un cambio de dirección, eres mucho más sabio reenfocarte ahora y decir: "No vamos a caer en este precipicio hacia la cual estamos caminando ahora. ¿Qué hemos aprendido de este proceso? Vamos a usar esta nueva información para poner nuestro proyecto en el camino correcto".

Lo difícil que es levantarse y admitir errores, especialmente si tú eres responsable por la mala dirección, es una oportunidad para modelar el liderazgo humilde al cuerpo y juntar a todos hacia un sentido nuevo de propósito, enfoque, y acuerdo. Traga su orgullo y di: "Mira, amigos, tenemos información nueva que nos sugiera que vamos rumbo a un desastre. Yo sé que yo les he llevado hasta aquí, y yo acepto mi responsabilidad por mi parte, pero para el bien de esta iglesia de largo plazo, necesitamos corregir la dirección".

28

Una nota especial para pastores

Por supuesto, siempre vas a encontrar las personas que le dicen: "Yo le dije", pero también esas situaciones se pueden cambiar para ser buenas si evitas defenderte a ti mismo. En vez de intentar a justificarte a ti mismo, simplemente dile: "Sabe, hermano, usted es más correcto de lo que me di cuenta antes. Yo le agradezco la alarma de precaución que usted sonó y perdóname por no escucharlo antes. Ahora, ¿nos puede ayudar a reconectar a la visión más enfocada? Vamos a poner todo esto en el camino correcto".

También habrá los que dicen: "Espera un minuto, no hay nada mal con nuestra dirección". A estas personas tienes que decirles: "Vamos a ver juntos a esta nueva información y vamos a hablar de esto". Toma el tiempo para explicarles la necesidad para clarificar la misión y visión de la iglesia para que todos puedan alinearse y mantenerse en apoyo.

Mi experiencia con proyectos que empezaron en la dirección incorrecta, y no hubo acción para corregirla, es que, últimamente, más y más personas se vayan hasta que el pastor es el único que se cae en el precipicio.

Cuando la corrección de dirección es necesaria, su declaración de la visión será críticamente importante para el establecimiento de una renovación de consenso. Cuando se encuentra por un camino incorrecto y necesita retroceder, es tiempo para revalorizar su visión. Si tu visión fue estructurada cuidadosamente basada en tu declaración de misión, es más probable que te has desviado de tu visión de que la mera visión es incorrecta. Si es uno o el otro, hay lecciones que deben ser aprendidas en el proceso. Recuerda, la vida de la iglesia es una historia que se desarrolla, y parte de esa historia es aprender como trabajar juntos para superar los errores y buscar lo máximo de sus oportunidades. Ahora es el tiempo para unirse como el cuerpo de Cristo y trazar una dirección nueva que le llevará al resultado que desea.

CAPÍTULO 2

LA VISIÓN:

NO EMPIECE SIN ELLA

El primer paso en el proceso de construir una iglesia, antes de que empieces hablar de remodelar el edificio que ya tienes, añadiendo a ella o moviendo a otro sitio, es sentarte y definir la misión y visión de la iglesia. Tanto se ha escrito en los últimos 15 años acerca de definir la misión y visión personal y corporal que la idea de escribir una declaración de misión y visión es casi un cliché. Desgraciadamente, cuando se aclara la atmósfera, demasiadas empresas —e iglesias— todavía operan sin una visión y misión definida.

Si no tienes una declaración de misión bien articulada, si no has desarrollado tu visión al punto que puedas proyectar razonablemente hacia donde se va la congregación en los próximos cinco a diez años, entonces realmente no debes de estar pensando en un proyecto de construcción. Necesitas aclarar tu misión y visión primero.

Nuestra misión: por qué existimos

La misión de la iglesia declara el propósito *específico* de Dios por la cual plantas la congregación local en la comunidad. Mejor dicho, tu declaración de misión expresa por qué existe la congregación. No es suficiente adoptar Mateo 28:19-20 o Marcos 16:15 como la misión de tu iglesia. Lo tanto espiritual que suena al decir "haced discípulos de todas naciones", la pregunta sigue siendo: ¿Cómo vas a traducir este mandato global al nivel local? Debes desarrollar una declaración de misión específica,

31

Cómo construir y financiar su templo

ordenado por Dios, para *tu* iglesia en *tu* comunidad, para que puedas enfocarte en cumplir con el llamado específico de Dios para *tu* congregación de creyentes.

Una declaración de misión en particular que me gusta es de una iglesia en el estado de Washington:

Nuestra misión es honor y seguir al Señor Jesucristo a través de:

1. Unir a creyentes en la congregación y grupos pequeños para compartir alabanza y adoración dinámica y relaciones auténticas del modelo del Nuevo Testamento.
2. Alcanzar a los perdidos, primero en nuestra ciudad y área que nos rodea, y también en todo el mundo.
3. Discipular los encontrados y adiestrar a los que vengan a Él para que puedan caminar en el Señorío del Señor Jesucristo, la luz de la Palabra de Dios, y la plenitud del Espíritu Santo.
4. Cumplir con las necesidades de un mundo doloroso empleando maneras relevantes, creativas, prácticos, y espirituales para demostrar la compasión y poder sanador de Cristo.

Una declaración de misión también puede ser una frase sencilla que captura la esencia del propósito de su congregación:

• "Conocer a Jesucristo y hacerlo visible a otros".
• "Exaltar al Señor Jesucristo, llegar a ser sus seguidores comprometidos a Él, y compartir su gracia y verdad con todas personas".

El aspecto más importante en su declaración de misión es que llega a ser un punto de afirmación, un principio que trae unidad, para definir la visión de la iglesia.

Nuestra visión:
a donde nos vamos como congregación

De la declaración de la misión se va a crecer la declaración de la visión que expresará específicamente *cómo* propongas

La visión

cumplir con la misión de la iglesia. La declaración de la *misión* es lo que uno hace durante cada día. La declaración de *visión* expresa dónde esperas estar en punto A, B, C y D mientras trabajas para cumplir tu misión. De acuerdo al consultor de administración cristiana, J. David Schmidt, una declaración de visión será:

- Alíneate con la voluntad de Dios como tú lo entiendes. ¿Dónde veas que está obrando Dios?
- Un reto: una visión apremiante motiva a la gente a cosas grandes. ¿Qué te motivará a ti personalmente?
- Dicho visualmente: es una descripción.
- Exige: llevará a la congregación y liderazgo mas allá de las formas típicas de actuar y pensar.
- Alcanzable: aunque es exigente, una visión bien concebida puede ser imaginado como posible.
- Emocional: genera entusiasmo y un deseo para el cambio. Toca el corazón además que la mente.
- Claro: puede ser comprendido, aun por los que son de afuera.
- Enfocado: dirige a la energía de la congregación a un solo resultado.
- Orientado para el futuro: una visión mira hacia delante, no es una declaración del presente.
- Corto y enérgico: de uno a dos paginas, escrito con un estilo animado.

    [Adaptado de una "Visión" hoja de trabajo desarrollado por J. David Schmidt y Asociados, 1997, usado con permiso.]

De lo que ha dicho David Schmidt arriba, yo agrego los componentes siguientes de una visión bien hecha:

- Alineado con la misión: tu declaración de visión debe ser una enunciación clara de lo que crees como se va a ver tu ministerio si fielmente cumplas con tu misión.
- Establecido en la realidad: basado en tu análisis de FDOA interno y externo y un estudio demográfico de tu

33

comunidad, tu declaración de visión debe dirigirse a temas y asuntos reales en la congregación, vecindad, y ciudad.

• Balanceado con su presupuesto: los sueños grandes son fáciles para formular, pero pasado en sus prioridades, ¿puedes hacer ese gasto? Ora y pide a Dios a extender tu capacidad.

Tu declaración de visión debe incluir información acerca de cada clave del ministerio de la iglesia, como la adoración, predicación, educación cristiano para adultos y niños, música, jóvenes, alcance, compañerismo, administración, oración, misiones, servicio, y más.

Una declaración de visión bien escrita otorgará un enfoque, dimensión, y propósito para tus planes en el ministerio. Solamente después de que se haya hecho la declaración de visión se va a poder determinar el tipo de edificios y otras facilidades que realmente necesitas. Tu visión es ser una iglesia dirigida a la familia, por ejemplo, el edificio naturalmente incluirá salones de clase adecuados y espacio para un jardín de niños para cumplir con las necesidades de las familias que van creciendo. Pero, de otra manera, si veas a tu congregación como un punto de celebración evangelístico en la comunidad, un santuario grande sería necesario y espacio para salones de clases sería secundario. Si tu visión incluye alimentar a los desamparados y hambrientos en tu comunidad, se va a necesitar el diseño de un edificio en un local estratégico, con un acceso suficiente, la capacidad para dar servicio de alimentos, una bodega, y lugar para comer. En resumen, tu visión determina el tipo de edificio que necesitas.

Diseñando un edificio apropiado para la iglesia depende tanto en tu habilidad de averiguar quienes son como congregación —y expresando esa identidad en una visión del futuro que atrae y es convincente para que cada miembro de la congregación pueda unirse con ella y trabajar para cumplirla— como depende en la arquitectura, construcción, y financiamiento. Una declaración de visión construida

La visión

cuidadosamente te ayudará a diseñar un plan lógico de ataque. Sin un propósito claro y una definición de prioridades, probablemente demorarás, si no derrumbar, tus proyectos de expansión.

Empieza con seleccionar un equipo de planificación de cinco a siete individuos quienes consultarán con las personas que guardan las apuestas en la iglesia para juntar información para el desarrollo de la declaración de visión. Una declaración de visión y misión bien concebido debe reflejar el corazón apasionado de la iglesia y crear emoción, energía, y motivación para ver la misión cumplida. Si no lo haces, probablemente has errado el blanco.

En su libro titulado *The Monk and the Riddle* (El monje y la adivinanza), el autor Randy Komisar saca la distinción entre "pasión" e "impulso". La pasión, dice: "le *tira* hacia algo que usted no puede resistir", pero el impulso "le *empuja* hacia algo que siente obligado a hacer". Si tu visión dice más acerca de tu *impulso* que tu *pasión*, tal vez debes intentar a formularlo otra vez. Vale la pena el esfuerzo, porque tu declaración de visión será la influencia que te dirige en todas tus decisiones acerca del ministerio, edificio y crecimiento.

¿Por qué es importante la visión?

La declaración de la visión es semejante a una mapa de carreteras; te otorga un camino por la cual viajar. En una situación dada, yo probablemente podría hacer el caso para la construcción de 20 tipos de edificios diferentes, y yo podría hacer un caso fuerte por probablemente la mitad de esas ideas. ¿Pero cuál es lo mejor para tu iglesia en particular? Eso depende completamente en donde veas donde estará tu congregación en el futuro. ¿Cuál es tu misión? ¿Por qué existe como congregación, en su local específico, en este tiempo? ¿Cómo imaginas el desarrollo de tu ministerio los próximos cinco a diez años? Pones tu visión primero, o terminas intentando de dar soluciones del aire

Cómo construir y financiar su templo

cuando el tiempo viene para construir. Haciendo el trabajo necesario al nivel de tu visión da respuestas a tantas preguntas que más adelante, o por lo menos te da un buen escenario para hacer tus decisiones. Es realmente un paso vital.

Una visión clara trae a otras decisiones al enfoque. Por ejemplo, yo conozco una congregación en California orientada a la familia que recientemente adquirió un edificio diseñado como un centro de adoración. Tiene un santuario muy lindo, con un balcón, acústicos excelentes, buenas vistas de todas partes del edificio —todo lo que quiere en un auditorio— y espacio para 900 personas. La única desventaja grande es que el edificio tiene tal vez cuatro salones de clase, suficiente para servir a no más de 50 a 100 personas. El edificio tiene un cuarto para niños adecuado y una capilla pequeña, pero no hay casi ningún salón de clase para adultos.

A la primera vista, de acuerdo al hecho de la base familiar de la congregación, tal vez se parece que los líderes de la iglesia hicieron una decisión dudable en comprar el edificio. Claramente, van a tener que hacer algo, probablemente en los próximos tres años, de construir más espacio para clases o construir un edificio distinto dedicado a salones de clases, para cumplir con las necesidades de la congregación. De otra forma, el edificio que compraron representa una oportunidad maravillosa, porque además que un santuario lindo, la propiedad tiene amplio espacio para el estacionamiento de vehículos para apoyar el crecimiento de la iglesia, porque su edificio previo tenía un estacionamiento muy limitado. El punto aquí es que su declaración de visión lo hizo posible para ellos tomar en cuenta los factores diferentes en su decisión para mudarse, y lo hizo posible que el pastor y el consejo dirigiera a la iglesia adelante en una compra razonable y la mudanza. Además, basada en su declaración de visión, el próximo paso estratégico es muy claro: ellos tienen que aumentar su espacio para salones de clase.

La visión

Liderazgo con visión

Cualquier discusión de la misión o visión de la iglesia necesariamente empieza con el pastor, porque Dios ha puesto al pastor en la posición de líder del prado. Eso no significa que todo el trabajo lo hace el mismo, o que la visión es completamente de él, pero él tiene que tomar el iniciativo para poner la junta directiva y la congregación sobre el camino correcto. La mayoría de los pastores, cuando están preparándose para entrar en el ministerio, tienen por lo menos alguna idea en sus mentes acerca de lo que quieren lograr. Sin embargo, si no han tenido el privilegio de ser criado en una iglesia que está bien estructurada, su visión es usualmente mas o menos inmadura, porque no han visto mucho. Demasiadas veces, ellos se vean a sí mismos predicando a multitudes, pero no realmente piensan en las implicaciones de ese tipo de ministerio a la infraestructura de la iglesia. ¿Cuáles tipos de edificios necesitan para acomodar a tanta gente? ¿Y cuáles tipos de servicios y ministerios necesita ofrecer la iglesia además que el culto de la mañana en los domingos? Pastores jóvenes piensan muchas veces solamente en el santuario y no lo que está sucediendo en el resto del edificio.

Después de que haya ganado experiencia el pastor con un par de iglesias que están creciendo —tal vez él empezó en una iglesia más pequeña y movió adelante en su ministerio a congregaciones más grandes, o ha vivido y crecido con una sola congregación por suficiente tiempo para poder cometer sus errores iniciales y aprender como seguir adelante— él empieza a tener un concepto mejor de lo que se requiere para ministrar eficazmente a una congregación que crece. Por ejemplo, él entiende que no puede poner el grupo de adolescentes en el mismo lugar que los de primaria. El grupo de jóvenes necesita su propio lugar donde pueden tener sus pósteres y juegos. Los de la preparatoria y de la universidad pueden tener necesidades totalmente distintas. Y él han aprendido los tipos de preguntas que debe preguntar cuando evalúa las necesidades futuros del edificio de la iglesia. Si la vida del cuerpo de la iglesia incluye reuniones familiares y actividades sociales, ¿hay un lugar de mucho espacio para acomodarlos? ¿Cuál es el alcance de la iglesia a la comunidad, y cómo afectan esas actividades al edificio? Todos estos asuntos —cómo mejor acomodar las necesidades dinámicas de la congregación— son esenciales para un crecimiento efectivo. Los segmentos específicos de la populación de la iglesia donde vas a enfocar tu ministerio crece de la misión de la iglesia.

He visto a ministerios de mucho éxito que tienen santuarios muy grandes y pocos cuartos para cuidar a niños, pero todo lo demás lo hace en células o reuniones pequeños fuera de la iglesia. A veces la escuela dominical se lleva a cabo en hogares o en una escuela cercana. No es un modelo que yo siguiera personalmente, pero es uno que sí ha funcionado. El punto es que cada congregación tiene que identificar qué tipo de cuerpo quiere ser, en cuál dirección va a ir, porque tiene mucho que ver con que tan grandemente están pensando con relación a su edificio, y que tan rápido tienen que hacer el cambio. Es importante para el pastor estar atento a estas situaciones y estar listo para dirigir a la congregación durante el proceso de planificación y en las decisiones que tienen que tomar.

Edifica sobre tus fuerzas

Una parte clave de traducir la misión de la iglesia (el porqué existimos) en una visión convincente (cómo proponemos vivir nuestra misión) es reunirse con sus líderes claves y evaluar las fuerzas y debilidades actuales de la congregación, y de identificar las oportunidades y amenazas que se están enfrentando. Este ejercicio se llama un análisis de "FDOA" (fuerzas, debilidades, oportunidades, y amenazas), y la forma es tan sencilla como cuatro columnas en un papel. Lo importante es que tomas el tiempo para explorar completamente cada uno de las cuatro categorías y como relaciona a tu congregación y la misión y visión de su iglesia.

La visión

Fuerzas	Debilidades	Oportunidades	Amenazas

Define la comunidad

Próximamente, debes hacer un estudio demográfico de la congregación y la comunidad que quieres alcanzar, para empezar a enfocar tu visión en las necesidades y oportunidades únicas para tu zona. Muchas veces es más fácil empezar con la cámara de comercio y biblioteca pública para obtener información para tu área de ministerio. Además, puedes obtener información del palacio de la ciudad y las oficinas del condado. El *internet* es una fuente de información que está creciendo y debe ser explorado. No supongas que conoces todo lo que necesita la gente sin primero probarlo. Si no salgas para preguntar y explorar, puedes errar el blanco por un kilómetro. No cabe duda de que todos hemos escuchado de un ministerio en algún lugar que no reconoció los cambios de demográficos en su comunidad y llegó al punto de arrastrar sobre el suelo inefectivamente o cerrar sus puertas totalmente. Explorando el perfil variable de su comunidad es esencial si quieres cumplir exitosamente con las necesidades de la gente de largo plazo.

¿Qué es la composición demográfica de la comunidad? ¿Es

un barrio exterior, lleno de viajeros diarios y familias ocupadas que le gustan la comida rápida, la comodidad, el consumismo, y la calidad, o es un barrio en el centro de la comunidad con muchos hogares de un pariente, diversidad étnica, pobreza y otros asuntos sociales? Todos estos factores van a influenciar las decisiones ministeriales. Si estás en un barrio del centro, es probable que tu ministerio va a ser multicultural, con oportunidades para actividades recreativas y servicio a jóvenes, tal vez los que están en crisis. Aun si se describiese como una iglesia familiar, hay realidades sociales en muchas comunidades que debes considerar si quieres alcanzar a las personas. ¿Hay muchos hogares de un-pariente o doble-ingreso en tu área? Tal vez tu ministerio tomará forma con el cuidado de niños después de la escuela. Su alcance puede incluir grupos para niños y niñas y programas de deporte, clases de formación espiritual, y grupos de actividad para jóvenes. Si las escuelas públicas no son tan buenas, o hay una necesidad grande para escuelas privadas de calidad, puedes servir a la comunidad mejor al organizar y operar una escuela.

La profundidad y alcance de tu estudio demográfico variará con el tamaño de la comunidad. Si tu iglesia se encuentra en una ciudad grande, puedes recibir información valiosa de la cámara de comercio u organizaciones civiles. En una comunidad pequeña, tu estudio puede consistir de tomar café en los restaurantes populares y empezar a conocer las personas de influencia en el pueblo.

Un estudio demográfico y un análisis de la necesidad en la comunidad te van a dar sugerencias para tu ministerio. La clave es conectar los dones de la congregación con las necesidades de la comunidad. Si tienes una iglesia llena de personas con dones, habilidades, e intereses particulares, entonces vas a querer encontrar una expresión de ministerio para esos dones para cumplir con las necesidades en la comunidad. De otra forma, la gente se frustra, y empiezan a hacer cosas que no tienen el don para hacerlo, o se vayan de la iglesia a otra donde pueden expresar sus dones. Si notas a ciertos grupos en la iglesia que tienen dones en particular o pasión en una área, tiene sentido intentar a conectarlos al ministerio. Al extenso de que el ministerio de ellos crea necesidad en su edificio actual, tienes un factor más en el proceso de planificación. Tiene sentido edificar sobre tus fuerzas, dones, y pasiones, con relación a las necesidades en la comunidad. Si encuentras una necesidad, pero no tienes los dones ni el interés dentro de la congregación para cumplir con ella, intentas a conectarte con otros ministerios que pueden proveer lo que falta.

Yo conozco a varias iglesias urbanas que tendrían buenos resultados teniendo un programa de deportes, pero no tienen la afinidad ni el adiestramiento para hacerlo. A menos que la iglesia es suficientemente grande para pagar a alguien con las calificaciones necesarias, es mejor alejarse de las áreas de ministerio que no tienen la habilidad de hacer. No quieres venir a un juego de básquetbol vestido en pantalones cortos, calcetines negras, y zapatos de lujo y arruinar tu credibilidad. De otra forma, no te avergüences de cumplir con las necesidades de la comunidad si te sientes inadecuado. Dios tiene una manera de obrar a través de nuestras debilidades.

Cuando entra en el proceso de la evaluación demográfica y de las necesidades de la comunidad, muchas cosas se vuelven obvio. Pero depende de prestar atención en lo que está pasando a su alrededor. No importa el tamaño de la comunidad, no hay sustituto para salir al barrio para conocer a las personas y descubrir las causas y preocupaciones de primera mano. Realmente necesitas ir a las cafeterías, mercados, y reuniones del vecindario, y escuchar a lo que está pasando. La mejor manera para evaluar las necesidades en la comunidad es conocer a las personas.

Basado en la información de un estudio demográfico, puedes afinar aún más a tu análisis FDOA cuando sus fuerzas, debilidades, oportunidades, y amenazas llegan a ser evidentes dentro del contexto de las necesidades de la comunidad. Mientras compara estos resultados con tu declaración de visión que se va formando, escribe y revisa las fuerzas e insuficiencias de tu facilidad actual y desarrolla una lista de necesidades, deseos, y sueños para aumentar, extender o reemplazar tu edificio:

Necesidades: Características y accesorios que *tienes que tener* en tu edificio para cumplir con los requerimientos mínimos de tu ministerio actual y visión futuro. Por ejemplo, puedes determinar que necesitas un santuario para 250 personas mínimo, un salón para niños que pueden acomodar a 25 bebés y niños pequeños.

Deseos: Características que te gustaría tener para mejorar tu ministerio, pero que no son absolutamente esenciales. Cosas en esta categoría pueden incluir espacio para los programas de los jóvenes y un diseño con muros flexibles en santuario para permitir asientos para más personas.

Sueños: Cosas que serían un deleite tenerlos si tuviera la oportunidad para enriquecer a tu ministerio actual y provee para el crecimiento que se anticipa. Sueños se cambian de una congregación a la otra, pero pueden incluir cosas como un edificio para deportes, un centro de consejería o una escuela cristiana.

Si tienes una congregación de 100 personas en un pueblo pequeño, y tu estudio demográfico revela que el 50% de la populación se compone de familias de doble-salario que viajan a un pueblo cercano para trabajar, y hay mucha necesidad para el cuidado de niños, actividades atléticas, y un edificio para compañerismo, entonces tal vez tu visión de largo plazo incluirá un centro para niños, un programa de deportes, y un ministerio de consejería. Tal vez puedes empezar tu programa atlético utilizando los edificios de la escuela preparatoria local una noche por semana, pero cuando vayas creciendo y ganando estabilidad financiera como congregación, tu visión sería construir un gimnasio con lugar para confraternidad y salones de clase.

La visión

Al empezar, querrás definir cómo quieres verse tu organización, qué tipos de ministerios vas a ofrecer a la comunidad, y qué tipos de edificios vas a necesitar para esos ministerios. Tal vez su mejor escenario te dice que en cinco años la congregación habrá crecido a 500 miembros, pero todavía no vas a poder comprar un gimnasio. Si crees que el programa de deportes es realmente una parte eficaz de tu ministerio, tal vez debes asegurar un compromiso de largo plazo con la escuela preparatoria para usar sus edificios y utilizar el dinero que sobre para cambiar el espacio para clases actuales en un lugar de primera clase para cuidar a niños, con la habilidad de ser usado en la escuela dominical también.

Es igual de verdad para una iglesia de 50 miembros o 5.000 miembros que necesitan un entendimiento claro de tu visión de cinco años, para poder determinar lo que necesitan construir. El alcance y profundidad tal vez variará, pero los principios esenciales son absolutamente los mismos. No importa el tamaño de la iglesia, o el tamaño del pueblo, todos los principios que hemos visto se aplican. Puedes acomodar a tu visión y planes para adaptarse mejor a la situación, pero no pienses que eres demasiado pequeño o grande para mantenerse entre los linderos. Recuerda, Dios está interesado en cada rincón del mundo, incluyendo a la comunidad. Si hayas sido llamado como pastor o líder de tu iglesia, estás allí por alguna razón. Haz lo mejor de la situación para la gloria de Dios.

Valores: nuestros principios que nos guían

Además de tu misión y visión, es importante articular claramente tus valores. Valores son los principios que guían o linderos por las cuales no vas a pasar ni mover. Por ejemplo, en Plan de Extensión de Iglesia, hemos identificado los siguientes principios unificadores para guiar a nuestra empresa:

- Serviremos a Dios basado en su Palabra y seguir la dirección del Espíritu Santo con nuestro ministerio.

- Nos comprometemos a la búsqueda de la excelencia y el profesionalismo.
- Buscaremos oportunidades para servir.
- Administraremos con metas y objetivos.
- Responderemos a todas nuestros clientes individualmente y con gran honor.
- Lucharemos por un servicio a nuestros clientes de alta calidad y de una forma personal.
- Funcionaremos con integridad.
- Conoceremos a Dios corporalmente, manteniéndolo central, y ejercitaremos cada oportunidad para servirle a Él y hacerlo conocido a otros.
- Estamos comprometidos al concepto de que individuos deben ser tratados con honor, animado, recompensado, informado, y asignado su trabajo propio, con sus esfuerzos dada significación y sus mentes retados.
- Estamos comprometidos a la excelencia en comunicación, internamente y externamente.
- Modelaremos y comunicaremos los principios bíblicos de la mayordomía.

Basado en su misión, visión, y valores, querrás tener una forma de medir y un programa para todos los pasos de acción. Simplificando cada estrategia en pasos detallados que te avanzará hacia su objetivo. Pregúntate: "¿Qué debe suceder primero para mover este proyecto adelante?" y después "¿cuál es el próximo paso?" Continúa el proceso hasta que cada paso es definido y tú puedes ver como el proyecto va a ser completado.

Estas ideas no se originaron conmigo —de hecho, pueden ser llamados "Planificación 101"— pero son muy básicos y esenciales para cumplir con sus objetivos como congregación.

Ya que hayas identificado tu misión y has clarificado sus valores, debes permanecerte más o menos lo mismo. El "porqué existes" no debe ser sujeto al cambio, los principios por los cuales vives no debes cambiar. Tu visión se va mantenerse estable, pero está abierta a una revisión de vez en cuando. Estrategias cambiarán y se adaptarán a las circunstancias en la comunidad, y tus pasos de acción van a ser aún más fluidos. Sobre todo, tienes que tener flexibilidad en el sistema. No vas a estar cambiando tu misión cada dos años, pero tal vez vas a estar afinando la visión mientras empiezas a expresarlo y ver que "ay, realmente lo erramos. Hubiéramos seguido esa oportunidad con más vigor. Podemos hacerlo mucho mejor". O, "esperábamos demasiado con nuestras expectativas, debemos descansarnos un poco y esperar".

Colaboración y comunicación

El proceso de la creación de la visión no sucede en un vacío, o en un rincón donde un comité selecto se siente mirando a un muro blanco, intentando a inventar una visión que va a cumplir con las necesidades del mundo que les rodea. De la misma forma, una buena declaración de misión y visión no es el trabajo de una sola persona. Debe ser la obra colaborativa de un grupo de personas quienes han compartido la carga y realmente están trabajando juntos.

Mientras busca definir la visión de la iglesia, la meta es juntar *claridad con unión*, en vez de ambigüedad y diversidad. Si la visión es clara pero con puntos de vista diversas, el resultado va a ser la fragmentación. Aún peor, si la visión es imprecisa con puntos de vista diversos, el resultado va a ser la desintegración. Una visión imprecisa con puntos de vista comunes crea la frustración, porque muchas personas tienen mucho en común, pero no saben hacia dónde se van. Pero una visión clara con puntos de vista comunes crea la cohesión, porque hace que todos se muevan en la misma dirección.

Visión enfocada

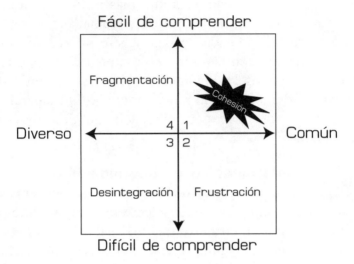

Fácil de comprender

Fragmentación

Cohesión

Diverso ← 4 | 1 → Común
       3 | 2

Desintegración   Frustración

Difícil de comprender

Según J. David Schmidt: "una visión clara y de mutuo interés promueve la cohesión y previene la fragmentación, desintegración y frustración dentro de su ministerio", y actúa como un pegamento que unifica a un equipo de trabajo y para enfocar los esfuerzos en las cosas que todos creen que son correctas. Esta tabla [Visión enfocada] demuestra como la visión de una organización se puede variarse mucho. Solamente cuando un equipo de trabajo tiene una visión clara y de mutuo interés (en lugar #1) va a ver cohesión".

Cómo escribir una declaración de visión

La declaración de visión es una fotografía de lo que crees que será el futuro en ciertos puntos si se cumpla con tu misión: una serie de fotos instantáneas de cómo veas a la iglesia más adelante en el camino. Para ayudarte a empezar con el proceso de la creación de la visión, hemos adaptado las siguientes preguntas de J. David Schmidt y Asociados:

La visión

Mientras buscas a Dios por sus pensamientos y dirección en este esfuerzo, hay dos pasajes que tal vez querrás leer y reflejarte sobre ellas que demuestran el papel que la visión tiene en el liderazgo eficaz, y el poder que Dios tiene para abrir tus ojos: Nehemías 2 y Marcos 8.

Preguntas para preguntarte (no todos estos deben recibir respuesta, pero úsalos para pensar más). Usa palabras orientadas al futuro y relacionados con la actividad para comunicar tu visión de una forma eficaz:

1. Si Dios respondiese a una oración acerca del futuro *preferido* del ministerio de la iglesia, ¿cuál oración y respuesta sería?
2. Cuándo cierras tus ojos y sueñas del futuro de tu congregación, ¿qué miras?
3. ¿Cuál es la diferencia más grande que ves entre este año pasado de ministerio y dos años adelante? ¿Otras diferencias significativas?
4. ¿Cuál será el impulso primario o el enfoque de tu ministerio en cinco años?
5. ¿En dónde se va a ocurrir este ministerio?
6. ¿Hacia qué van a estar luchando y midiendo la congregación?
7. ¿Qué no va hacer de lo que esta haciendo ahora?
8. ¿Cuáles distracciones no van a estar presentes?
9. ¿Qué tamaño va ser su congregación?
10. ¿Cómo va a acomodar cualquier crecimiento adicional?

[Adaptado de la página de trabajo, una "Visión", desarrollado por J. David Schmidt y Asociados, 1997, usado con permiso.]

Ahora que ya tienes tu visión, ¿te sientes una urgencia o un poco desalentado? La visión debe de ser "visual", pero también debe de ser "visceral". Al leer la visión, la congregación debe de ser animada (en una forma buena) y entusiasmada con un sentido de "¡Increíble! Si vamos a hacer todo eso, debemos de empezar a movernos". Tu declaración de visión debe traer cohesión a la congregación, como una fuerza magnética que atrae a la gente hacia la meta. Si al leer la declaración de la visión no prende alguna energía positiva, alguna pasión, algún entusiasmo dentro de la congregación, pues has errado el blanco.

Usualmente, si la declaración de visión es irresistible, desafiante, y que requiere un esfuerzo, lo vas a mirar y decir: "No somos todo eso. Pero, es algo por la cual estamos luchando, alcanzando, y orando que lleguemos allí". Al intentar alcanzar a tu visión incluirán preguntas a unos de los miembros actuales para que adquieran nuevas habilidades, o encontrasen a más personas quienes ya tienen las habilidades, dones, y pasiones que necesitas.

Un calendario para desarrollar su declaración de visión

Poniendo los cimientos para una visión eficaz es un ejercicio que continúa. Idealmente, con una serie de reuniones, el proceso de la creación de la visión no debe tomar más que un mes, y las declaraciones de misión y visión deben estar listas varios meses antes de empezar el proceso de construcción. Nunca es demasiado tarde para empezar a definir la visión, pero tampoco nunca es demasiado temprano. Desarrollando, implementando, y revisando la declaración de la visión debe ser una parte de la vida de la iglesia que continúa. Pero si estás empezando de nuevo, probablemente tomarás de entre seis y nueve meses para que la congregación no se siente manipulada o que el martillo se va a caer sobre ellos. No quieres que la congregación empiece a tener la impresión de que, de repente estás diciendo: "Esto es lo que *nosotros* vamos a hacer, y *ustedes* van a pagar por ella".

Después de que hayas definido la visión, el resto del proceso se trata de elegir los momentos correctos. ¿Dónde estás de acuerdo a la vida de mayordomía en comparación a lo que quieres hacer? ¿Qué tan extensivo o complejo tiene que ser el proyecto para cumplir con los objetivos? Nunca es demasiado temprano para hacer planes generales, pero si unos elementos claves todavía no están, es probable que es demasiado temprano para ser específico —detalles y líneas— porque las cosas cambiarán mientras ganas experiencia con tu plan.

El proceso de planificación es un plan que se continúa —trabaja — trabaja — aprenda — planea — trabaja — aprenda — trabaja — trabaja — aprenda — planea—, porque, mientras hagas el trabajo, te vas a aprender cosas nuevas que afectan al plan y lo muevan adelante. Igualmente, con la edificación de una visión, no cabe duda de que se va a cambiar durante cinco años. En algún punto en el proceso, tu visión va a tomar dimensiones distintas, que tal vez afectarán cómo será el edificio al final. Entonces no quieres diseños mecánicos demasiado temprano en el proceso.

Una visión clara, común, y cohesivo te ayudará a determinar si necesitas modernizar, remodelar, añadir, o reemplazar las instalaciones de la iglesia durante el camino. Desde tu visión, entonces, se va a crecer no solamente un grupo de metas y estrategias, sino también pasos de acción para cumplir con tus metas.

CAPÍTULO 3

CÓMO COMPARTIR LA VISIÓN

Lo más ancho que estires tu red para recibir información durante el proceso del desarrollo de la visión, lo más involucrado va a ser tu congregación y lo más representativa va a ser la visión que resulta de esto. El tamaño del grupo de personas depende del tamaño de la iglesia, pero al mínimo debe de incluir a todo el personal (pastores asociados, pastor de jóvenes, pastor de música), ancianos y diáconos, voluntarios claves, y otros entregados a la iglesia. Ciertamente va a querer solicitar la opinión de cualquiera de la congregación que ya está animado con el ministerio de la iglesia o quien está apasionado con una área de servicio en particular.

¿Quiénes más deben ser incluidos en el proceso de la creación de la visión?

Aún en una iglesia pequeña, con un pastor y un consejo directivo pequeño, va a haber otras personas claves, los que son fieles para apoyar al ministerio de la iglesia, los que están allí cada domingo para abrir las puertas y apagar los luces, quienes deben ser incluidos en el proceso de crear la visión. Algunos de estos individuos tal vez no son visionarios, pero eso está bien, todavía quieres involucrarlos, porque están comprometidos a la misión y ministerio de la iglesia. Tal vez no van a poder pensar de una forma visionaria, pero probablemente conocen mucho del estado actual de la congregación. Entonces, por ejemplo, si dijeras: "Yo creo que somos muy amigables y energéticos como un cuerpo", ellos podrían decirte: "yo no creo que eso es la verdad. Yo creo que somos muy cerrados y no muy amigables a los que nos visitan". Es simplemente esencial intentar a atraer a personas con mentes abiertas quienes son disponibles a mirar desapasionadamente a la realidad de la situación que está enfrentando a la iglesia. No tengas temor. Lo importante es traer puntos de vista diversas para poder empezar a trabajar hacia una perspectiva común.

La única persona que no quieres en el comité es la persona que automáticamente dice que cualquiera forma diferente a lo normal es mala. En algún punto, tendrás que tratar con las personas negativas, pero no necesariamente en la reunión donde está intentando a crear la visión, porque va a destruir todas las sujeciones. Si es posible, mantengas los siempre-negativos a lado hasta que termines con el proceso de la creación de la visión.

Si, a pesar de sus mejores intenciones, llegas a tener una persona negativa en el comité, aquí es como se puede tratar con él y mantener el proceso moviendo por delante:

1. Haz que la reunión principal sea una sesión de "colección de ideas". En un proceso verdadero de puesta en común, todos en la mesa pueden proponer sus ideas sin comentario ni criticismo. Cada idea positiva tiene peso igual y es estimulado y escrito. No se permite tópicos negativos y las ideas no se pueden ser criticado ni discutido. El propósito de una puesta en común es animar al pensamiento creativo y poner cada idea posible sobre la mesa, no importa lo imposible que suena al principio. Para que esto funcione, vas a tener que explicar las reglas de una puesta en común y constantemente ejecutarlos.

2. La segunda fase de esta estrategia es una reunión de evaluación, donde cada idea de la reunión de puesta en común es revisada para determinar lo que es auténtico y lo que no es. Algunas ideas pueden ser demasiadas

ambiciosas para el tamaño de la iglesia, mientras que otros pueden requerir más estudio antes de que se pueda determinar su factibilidad. Sin embargo, no actúes demasiado rápida en desechar una idea. A veces, una idea que suena demasiado loco o imposible durante la reunión de puesta en común empieza a tener sentido cuando lo mira más de cerca.

Este proceso de dos pasos de colectar ideas y evaluación de ellas puede ser muy útil aún si no tiene un burro terco en su comité. El propósito principal de una puesta en común es liberar la creatividad en las personas y dejar que las ideas fluyen. Por lo menos, deja que el proceso se empiece sin barreras, y tal vez se va sorprender de las ideas que surgen en una sesión de puesta en común. Al modelar una actitud abierta y receptiva como líder, usted puede facilitar los procedimientos, ayudando a la gente a vencer su timidez o el temor que sus ideas van a ser burladas ú olvidadas. Y al seguir su sesión de puesta en común con una reunión distinta para evaluar críticamente a cada idea, las preocupaciones de la gente que proponga "no cambiar" o "cambiar lentamente" pueden ser tratados en el tiempo correcto.

Líderes de opinión y jugadores en la banca

Cuando seleccione el comité para la creación de la visión, es importante no ser demasiado exclusivo. No quieres solamente las personas que están de acuerdo contigo, y ciertamente no quieres limitar al grupo solamente a personas que piensan que eres el mejor pastor que haya pisado sobre la tierra. Identifica líderes clave de opinión y asegúrate de incluirles a ellos, especialmente si no son visionarios. Involucrándolos les permite ver el desarrollo de la visión y les da una porción en el resultado, si no deja que su falta de visión bloquea el proceso del comité. Pero prepárate; tus habilidades como facilitador ciertamente van a ser probadas.

La creación de la visión es una gran oportunidad para

desarrollar los "sirvientes silenciosos" de su congregación —las personas que sabes que tienen grandes ideas, pero nunca digan nada— en la vida de la iglesia. Quieres incluir algunas personas que se quedan un poco en la franja, pero que todavía tienen interés, porque te permite evitar lo que se puede convertir en una área de ceguera, y te otorga la oportunidad de probar la visión que se va desarrollando con algunas personas que puedan ser críticas. Si se puede atraer a los que se quedan en las bancas, para que se entreguen a la visión al principio, entonces sabrás que la declaración de visión es fuerte.

La iglesia es como el blanco: una serie de círculos concéntricos. Los primeros círculos al centro del blanco componen su grupo más activo. El objeto del ministerio es atraer a las personas que están en los bordes y mantenerles moviendo más y más cerca al centro. Un buen indicativo de una visión bien construida es que atrae a la gente que están en la parte exterior de tu ministerio y también a los que están en el centro. Eso lo que quieres.

No puedes decir demasiado de hacer que el proceso de la creación de la visión sea colaboradora. Una de las situaciones más peligrosas para un pastor es cuando él articula una visión unilateral y la congregación murmura su acuerdo de un respeto al papel del pastor, pero nunca realmente se entregan a la visión. Muchos pastores se confundan "acuerdo" con "compromiso", solamente para ser sorprendidos cuando llega el momento de la "ofrenda", cuando es tiempo para votar, o para hacer compromisos de fe, o tal vez aún para escribir un cheque. De repente, la dirección de la opinión se cambia, y no a la dirección que el pastor anticipó. En vez de subirse con el pastor en el mismo barco, la congregación dice: "Espera, pastor. Esto fue realmente su idea".

Hay una gran diferencia entre el acuerdo casual y un compromiso de todo corazón. Demasiadas veces, líderes de la iglesia se enfocan en "juntar compromisos de fe" en vez de edificar un

Cómo compartir la visión

sentido de participación y entrega a la visión. La más gente que incluyes en el proceso de la creación de la visión, lo más grande que va a ser sus probabilidades de edificar un grupo comprometido de miembros activos quienes van a orar, trabajar, y contribuir para hacer que la visión se transforma en realidad.

Edifica el consenso

Mientras que el proceso se mueva adelante, es importante comunicar efectivamente con la congregación. Si eres sabio, involucrarás a más gente que puedas razonablemente en los tiempos primeros de planificación y empezar a construir un consenso de inmediato. Las congregaciones de iglesias crecientes y vitales usualmente tienen un grupo vibrante de individuos que pueden ser involucrado efectivamente en un proyecto nuevo. Estos jugadores importantes, quienes suelen ser líderes de opinión en la iglesia, pueden ser instrumentales en juntar apoyo y entusiasmo dentro de la congregación.

Es casi imposible comunicar demasiado durante el proceso de la creación de la visión y las etapas tempranas de su diseño del edificio. Recuerda, los miembros de la congregación no solamente van a estar usando el edificio, pero también van a pagar por ella. Si los miembros se sientan involucrados desde el principio, es más probable que van a apoyar los planes financieros cuando venga el tiempo. Pero no te esperas. El proceso de juntar fondos debe comenzar cuando haya un consenso que es tiempo para empezar un proyecto de construcción.

Dependiendo de la cultura de la comunidad y la composición de la congregación, cambiar de sitio puede presentar retos de comunicación y apoyo. Un cambio de sitio físico de una congregación que ya existe es siempre difícil, sin que la congregación haya estado rentando y la mudanza significará llegar a tener su propio edificio. En el caso de iglesias que hayan estado alquilando edificios, el prospecto de mudarse y poder poner raíces generalmente anima a todos para querer mudarse. Por cierto, siempre vas a ver las personas que se enojarán con cualquiera cosa que hagas, entonces no te desanimas.

Si se va a requerir un cambio de sitio, no pase sobre alto las conexiones emocionales que los miembros de la congregación tienen con su edifico actual, aún si es un edificio antiguo sin luces suficientes ni aire acondicionado. Cuando la gente dice: "yo me bauticé en este edificio" o "yo fui salvo allí", va a ser un cambio difícil. Durante el curso de la vida, la gente pasa por tiempos increíbles de gozo, tristeza, búsqueda, y adoración dentro de un edificio, y naturalmente identifican las memorias significativas con un edificio. Al oír a un pastor o líder de los ancianos o un diácono anciano decir: "Vamos a vender nuestro edificio a un mercado" o "vamos a venderlo a otra congregación", muchas veces no se acepta bien con los miembros del cuerpo que tienen una inversión emocional en el edifico actual.

Debemos ayudar a nuestras congregaciones a reconocer que un edificio no es la iglesia —la iglesia son las personas— pero al mismo tiempo no podemos perder la vista, ni intentar a minimizar, el hecho de que muchas personas tienen conexiones emocionales muy fuertes con el edificio. La clave es describir suficientemente el propósito y visión para el nuevo edificio. La comunicación eficaz con su congregación puede eliminar muchos problemas potenciales que rodean una mudanza. Y si la visión sea compartida y apoyada por muchos, te da una base lógica, una área de trabajo, para mover el ministerio de la iglesia a un lugar más eficaz.

La perspectiva de la congregación sobre "¿qué es la iglesia?" puede tener un efecto de limitación o un efecto de animación sobre la visión de la iglesia. La tercera guerra mundial puede empezar si un conflicto resulta de una visión con poco apoyo que ordena un cambio del edificio actual. Por supuesto, en unas congregaciones, una guerra civil resultaría si sugieras algo tan sencillo como reemplazar las bancas viejas con sillas para más flexibilidad.

Cómo compartir la visión

Comunica la visión a la congregación

Como el líder más visible en la iglesia, el pastor debe ser el comunicador primario de la visión, a través de reuniones especiales, presentaciones cortas los domingos, comunicación escrita: una combinación de abordamientos. Asegúrate de comunicarte en maneras distintas: oral y visualmente, y por escrito, porque las personas oigan y aprendan diferentemente.

El pastor también debe elegir otros individuos claves, del consejo directivo o el comité de planificación, quienes tienen habilidades buenas para comunicar, quienes son totalmente entregados a la visión, y otórgales la responsabilidad de comunicar la visión. Si la visión tiene más que una portavoz, el sentir de que la visión es aceptada por muchos y no solamente el proyecto del pastor empieza a crecer.

La comunicación eficaz en cada etapa de la creación de la visión, planeamiento, y el proceso de construcción es absolutamente esencial. No lo tomas por hecho que las personas saben lo que está sucediendo y que lo van a apoyar. Diles, diles, y después diles otra vez, y entonces escucha para recibir sus opiniones. Lo más interactivo que puedas hacer el proceso, lo más efectivo y exitoso va a ser.

Aunque el pastor es el facilitador primario en la creación de la visión, no es el "oráculo". Su papel es facilitar y estimular la participación, y proveer liderazgo y orientación, pero no controlar el proceso. Después de que el grupo principal sea de acuerdo con una declaración de visión escrita, el papel del pastor es llevarlo adelante y ser el portavoz principal. Si es sabio el pastor, él habrá observado el comité de la creación de la visión y habrá identificado los individuos con el don para comunicar efectivamente, y él les dará la autoridad para promover la visión.

Cuántas más personas que puedas involucrar en el proceso de comunicación, lo más grande va a ser la aceptación de ella en la congregación y menos del enfoque va a estar sobre el pastor. Si la visión llega a ser demasiado enfocado en el pastor, y por alguna razón él decide irse, ¿qué sucede con la visión? ¿Se va con él? No si ha hecho un trabajo eficaz de comunicar la visión a la congregación y ha recibido el apoyo de ella. Una visión bien construida y mantenido por la mayoría se va más allá de los individuos y continúa adelante aun si el pastor decide irse. Si la declaración verdaderamente representa la misión, sueños, y planes de la congregación, solamente porque el pastor se vaya no significa que la visión se muere.

Tu declaración de la visión debe reflejar las pasiones y prioridades de la congregación, no solamente el pastor y la junta directiva. Una visión apremiante puede llegar a ser un punto de unidad para la congregación, en términos del fluir constante del ministerio y la filosofía general de ministerio, para que cuando llega a la encrucijada donde está buscando un nuevo liderazgo pastoral, pueda desarrollar un perfil clara del tipo de líder que está buscando: uno que no vendrá con una visión completamente nueva. Eso no significa que un pastor no va a traer su propio perspectivo e impartir una frescura a la visión, pero un cambio en liderazgo no debe resultar en un gran cambio de dirección de la misión continua de la iglesia. Si haya un cambio en el liderazgo, la visión y cultura de la iglesia debe seguir adelante esencialmente sin cambiar. No debe haber un cambio completo de forma.

Bien hecho, con la representación y participación extensa de la congregación, tus declaraciones de misión y visión darán a la congregación un gran sentido de estabilidad y fluir. Quienes son, colectivamente, como iglesia va a ser algo más grande que vosotros mismos, más grande que su pastor, algo que Dios ha ordenado. Vas a tener un sentido de lo que Dios desea para la iglesia.

Lideres capaces, sabios, y piadosos son esenciales, pero Dios está en control últimamente. Si su pastor decide, por cualquiera razón, irse, puede ser seguro de que Dios haya preparado a otro individuo quien va a apoyar la visión de la iglesia y que moverá la congregación mas adelante.

Cómo compartir la visión

Haciendo la obra difícil de la articulación de la visión para tu congregación —por escrito— no es solamente un paso esencial en el desarrollo del edificio propio, pero también es un paso tremendo hacia el desarrollo de una cultura que tiene poder de permanencia, que tiene ímpetu, que puede continuar a moverse hacia la meta, aún si hay cambios en medio del camino. Si la visión está bien enfocada, cuando evalúas a dada área del ministerio, puedas decir: "Eso es bueno, vamos a hacerlo" o "no vamos a hacer eso, porque no va de acuerdo con quienes somos". Siempre prueba nuevas ideas contra la visión grande para asegurarte de que no lo distraiga por un camino lejos de su propósito principal. Si la iglesia está llena de vida y creciendo, no habrá una escasez de "grandes ideas" para el ministerio, programas, y actividades. Cada persona y su hermano también te van a dar más ideas, y eso es exactamente lo que quieres. Pero cuando llega el tiempo para evaluar a estas sugerencias, una de las primeras preguntas debe de ser siempre: "¿Se va de acuerdo con nuestra visión? Si nos hemos puesto de acuerdo de que no vamos a ser todas las cosas a toda la gente, ¿podemos apoyar a otro ministerio para cumplir con esa necesidad, y dejar que nos mantenemos enfocado en las cosas que Dios nos ha llamado a hacer?"

La secuencia de compartir la visión

El paso primero es crear la visión correcta. El segundo paso es plantar esa visión en la congregación: una programa de comunicación y evaluación que puede tomar hasta seis meses o más para hacerlo bien. No intenta hacerla precipitadamente o evitar el proceso de compartir la visión. Si estás intentando pasar por alto a la congregación, o hacer efectiva la visión forzadamente, estás jugando con el desastre y la desilusión cuando llega el tiempo para levantar fondos y mover adelante con el edificio.

Si no haya el reconocimiento dentro de la congregación de la necesidad para una declaración de visión, si cuando empiezas a hablar de la visión y la gente dice: "¿Por qué necesitamos eso? ¿Por qué no seguimos haciendo lo que estamos haciendo ahora?" —antes de que se pueda mover adelante—, es probable que se necesita dos o tres tiempos de enseñanza (si es parte de un sermón o en algo diferente) para ayudarles a ver el valor de crear una visión, y para que se acostumbren a la idea de pensar de maneras estratégicas y visionarias.

El proceso de compartir la visión puede revelar que tú no hayas preparado adecuadamente a la congregación para la mayordomía, el compromiso o la dirección propuesta para el ministerio de la iglesia. Mientras que estudias el análisis de FDOA, uno de tus debilidades que identifiques puede ser que la congregación no está preparada. Si así es el caso, se va a necesitar un plan de acción para arreglar la situación. Tal vez vas a tener que desarrollar un currículo, un plan de predicaciones o estudios, o algún otro tipo de información que comunicará los principios esenciales que la congregación necesita aprender para poder apoyar a la misión y visión de la iglesia. Otra vez, evita la tentación de hacer precipitadamente el proceso. Dios no está deprisa, ¿por qué tienes prisa tú? Toma la perspectiva de largo plazo. Si estás empezando de nuevo, puedes tomar hasta un año, y ciertamente no menos de seis meses, para completar el proceso de educación. Pero por ahora, tal vez vas a tener que guardar los planes de construcción para evitar la manipulación con la enseñanza.

¿Por qué poner la misión y la visión primero? Porque es un error terrible si no lo haces. Si no tienes una visión clara para orientarte, hay poca probabilidad de que vayas a construir él edifico ideal para contener todos los ministerios de la iglesia. La misión y la visión tienen todo que ver con cómo se va a ver tu ministerio y el edificio. Y si no, va a ser un desastre, garantizado.

Yo conozco una iglesia que no consideró completamente las implicaciones de su visión. Aunque su ministerio fue regional en su enfoque, compraron propiedad en un barrio residencial con calles de acceso muy estrechos. El impacto del tráfico y el ruido que resultó pronto causó un alboroto grande con los vecinos, haciendo una situación muy mal. Recuerda, cada decisión que se toma en el proceso de construcción va a tener consecuencias —tanto intencionales o no— con los miembros de la congregación y sus vecinos.

Otra iglesia quería mudarse de su local en la ciudad a un lugar en el campo para ganar más espacio para engrandecerse. Compran unos hectáreas sin considerar las leyes de zonas y otras cosas. Cuando el tiempo vino para edificar, encontraron mucha resistencia de los dueños de propiedad que rodeaban la propiedad, quienes no querían a una iglesia en ese lugar. Por fin, después de varios meses de discusiones e intentando a arreglar las cosas, la iglesia tenía que vender la propiedad, y perdieron mucho cuando se vendió por mucho menos de cuanto pagaron por ella.

En otra situación, una congregación en el centro del país no articuló una visión clara de las fuerzas del ministerio de su iglesia. Esta visión borrosa de su propósito abrió el camino para cometer errores cuando estaban construyendo su edificio nuevo. Justamente en medio de su proyecto de construcción, ellos sintieron la "oportunidad" de "ahorrar dinero después" al añadir un gimnasio en sus planes actuales. Desgraciadamente, no pudieron pagar por el gasto adicional, y los problemas que resultaron de esa decisión fueron monumentales. No solamente destruyó completamente a su plan financiera, pero también les causó a empezar un nuevo ministerio de recreo sin el personal adecuado ni los sistemas para gobernar a las nuevas actividades. Como resultado de está decisión mal-concebido, la iglesia se encontró en serios problemas financieros, y su reputación en la comunidad fue dañada por su mal implementado programa.

Maneja el desacuerdo o disensión

¿Qué de las personas que simplemente no quieren o no

pueden apoyarle? ¿Cómo camina un pastor a través de ese campo de minas? Si hayas hecho del proceso de la creación de la visión un proceso colaborativo e interactivo, y si hayas hecho un trabajo constante y consentido de comunicar con la congregación en cada etapa de la operación, uno esperaría que la visión que resultaría sería suficientemente inclusiva para que todos en la congregación pudieran encontrar elementos que le darían ímpetu. Pero, si a pesar de sus mejores esfuerzos, alguien todavía dice: "Bueno, eso no es mí visión de lo que debe ser esta iglesia", y no ve como puede apoyar a la iglesia, se necesita una manera graciosa para que se pueda ir sin perder el honor o sin deshonrar a alguien más en el proceso.

Yo propongo usar el modelo de Mateo 18:15-17 para la resolución de conflictos. Empieza hablar con la persona en privado y pregúntale: "¿Qué hemos faltado en nuestro proceso de crear la visión que le mantiene alejado de apoyarla, o cuál es la cosa con la que no está de acuerdo que nosotros queremos hacer?" Ora para que no sea necesaria, pero si tu primera reunión no trae resolución, pide a uno o dos líderes más a venir a la discusión (de acuerdo a Mt. 18:16) y continúa trabajando hacia una resolución. Si la segunda fase de mediación todavía no trae éxito, pregunta al disidente si piensa que puede quedarse en la iglesia y apoyar la misión a pesar de su desacuerdo. Si no lo puede, hazlo claro que si escoge salir de la iglesia, lo va a bendecir, y si su punto de vista de la misión de la iglesia se cambia, siempre va a tener la bienvenida para regresar a su congregación. Como dice Romanos 12:18: "Si es posible, en cuanto dependa de vosotros, estad en paz con todos los hombres", y "así que, sigamos lo que contribuye a la paz, y a la mutua edificación" (Ro. 14:19).

Ten cuidado de gobernar a estos procedimientos de tal manera que otras personas no se involucren demasiado o se devuelve divisivo dentro de la congregación. No crea olas en la iglesia. Temprano en el proceso de la creación de la visión, harás bien al enseñar a la congregación a resolver los conflictos bíblicamente (si no lo haya hecho todavía), y —si llega a este punto— saber cómo salir de la iglesia correctamente, sin crear sentimientos malos o un desastre. A razón de que todos somos humanos y andamos según la carne, a veces no podemos arreglar nuestras relaciones. Pero cómo el pastor aguanta los conflictos o un desacuerdo, como él responde, cómo trae a los líderes a la situación en vez de solamente atacar al disidente, va a tener mucho que ver con cómo el resto de la congregación mira el desacuerdo. Aun si alguien últimamente decide irse de la iglesia (¡y espera que no sea el pastor!), si la situación es administrada bíblicamente, si el pastor se haya mantenido abierto y dispuesto y humilde, pero sabio, y si se haya mantenido un espíritu abierto y receptiva, aun si se queda un desacuerdo, los que están afuera mirando el proceso deben de poder decir: "Es desagradable que nuestro hermano disidente no pudo mirarlo bien, pero el pastor por cierto respondió de una forma buena". Si, de otra forma, termina con dos fuerzas que no quieren pararse pegándose el uno al otro, entonces todos pierdan. No importa lo que sucede, recuerda que las relaciones son primarias en la economía de Dios. Haz todo lo posible para perseverar la paz y el compañerismo.

Vence los obstáculos al consenso

¿Cómo vence una congregación a sus debilidades y amenazas y cómo utiliza a sus fuerzas y oportunidades para llegar a su futuro deseado? Puede ser a través de cambios que puedan ser muy desagradables por algunos, porque están en contra de la deuda, o porque reconocen que la iglesia necesita $500.000 dólares para cumplir con sus metas y va a costar a todos un poco de sangre, sudor, y lágrimas. Puede requerir un cambio en la manera en la cual la iglesia haga presupuestos y use sus recursos.

Aquí es donde el "entrego" a la visión se vuelve crucialmente importante al remover las barreras. Cuando empieza a hablar de dólares y centavos, todos lo que no estaban completamente entregados a la visión van a levantarse y decir: "¿Y qué pasa si no funciona? ¿Qué pasa si gastamos $500.000 dólares y la gente todavía no viene?". En otras palabras, ¿qué pasa si Juan Pérez construye el campo de fútbol y los jugadores no vienen? En tiempos como estos, los líderes y la congregación deben decidir cuan fuerte creen en la articulación de la visión y los planes que se hayan puesto para alcanzar a esa visión. Si el compromiso a la visión es fuerte, entonces los negativos y dudosos no serán capaces de derrumbar el proceso ni desanimar a las tropas. De otra forma, si el compromiso es bajo o tentativo, pues está muerto, porque las primeras personas que dicen: "¿Y qué…?" van a quitar todo el viento de las velas.

Yo puedo garantizar que los dudosos van a surgir cuando empieza a hablar de dinero, porque afecta a los billeteros de las personas. Por eso si puedes identificar los que son indecisos durante el proceso de la creación de la visión, querrás atraerles al proceso e involucrarles tan pronto que sea posible. Vas a poder responder a sus inquietudes al principio o por lo menos ganar su apoyo suficientemente para que no se pongan de pie y digan: "Y ¿que..?" sin sentirse mal. Si son parte del proceso de hacer las decisiones, no pueden regresar después y decir: "le dijimos". Además, si se puede construir una coalición grande al empezar, eso baja los chances de errar el blanco por un kilómetro.

No importa si la iglesia es gobernada por un conjunto de ancianos o diáconos, o si cada decisión mayor tiene que ser presentada a la congregación, es importante tener algún mecanismo para medir el nivel de compromiso de la gente *antes* de que el asunto se presente para un voto. Solicitando respuestas *—y escuchándolos—* es absolutamente esencial a la comunicación eficaz. Sé honesto con ti mismo. ¿Has construido el consenso o no? ¿Hay un sentimiento de necesidad compartida? ¿Reconocen la mayoría de las personas que se necesita un lugar para cuidar niños, o solamente dos madres? Dos madres muy vocales. Yo no estoy descontando la perspectiva de uno o dos individuos, pero para que se adelante su proyecto de construcción, debe de edificar un consenso que incorpora una mayoría significante de la congregación. De otra forma, puede caer en la trampa de grupos vocales de intereses especiales y la presión que puede aumentar. Si es que uno de las personas vocales es un donante muy significante al fondo general, la fuerza aumenta. Antes de saberlo, el proceso puede ser derrumbado o desviado por una minoría de influencia.

Cambia para mantenerte lo mismo

No importa que tan rápido está moviendo el proyecto, es siempre importante mantener la visión fresca y mantener a la congregación enfocada en la meta y como está progresando. Obviamente, lo mas tiempo, lo más importante es traer todos a la visión de nuevo. Es fácil desviarse por los asuntos del día y perder la vista de la meta final.

Cuando yo era un pastor asociado en una iglesia en California, tomó seis años después de que compramos el terreno —y siete años en total— hasta que por fin construimos el edificio y entramos en ella. Durante ese tiempo, continuamente teníamos que refrescar la visión, con diseños arquitecturales de los edificios, viajes de cuatro por cuatro al sitio, ceremonias de romper la tierra —todo tipo de cosa— para mantenernos enfocados en la meta. Hablábamos mucho de ser "la luz de Dios puesta en una colina", porque nuestro nuevo sitio se encontró arriba del valle donde estábamos sirviendo.

Aun si tiene un ministerio o programa con la cual todos están de acuerdo de que está bien enfocada, bien ejecutada, y exitoso, tienes que mantener tu ojo sobre ella y de vez en cuando revisar la visión, estrategias, y planes de acción para mantener su constancia.

Manteniendo la constancia es un sello de la compañía de buñuelos "Krispy Kreme". De acuerdo a Charles Fishman, un editor que contribuye a FastCompany.com, Krispy Kreme "es tan obsesionado con la consistencia que antes de que cada paquete de harina de trigo entre al edificio, una porción es probada en un laboratorio en el segundo piso... Sí un camión de 25 toneladas lleno de harina de trigo no se pasa el examen, todo el camión es rechazada... Junto al laboratorio es una cocina completa para hacer los buñuelos... [donde] técnicos del laboratorio... hacen buñuelos de cada paquete de 2.500 libras de harina, asegurando que cada paquete haya sido mezclado correctamente".

A través de los años, la mezcla de buñuelos de Krispy Kreme ha sido ajustada y ya no es lo mismo que la receta original, pero la calidad del producto final se ha mantenido consistente. Mike Cecil, el "ministerio de cultura" de Krispy Kreme, explica: "Equipo moderno para cocinar, el tamaño de la compañía, y el producto del trigo requieren ajustarlas. La receta necesita ser cambiada para que los buñuelos se mantengan los mismos".

Para poder mantener la consistencia de tu ministerio con tu visión al enfrentar un clima que siempre cambia, de vez en cuando tienes que cambiar un poco la mezcla. Por ejemplo, tal vez tendrás que revisar de vez en cuando cómo tratas a los ministerios a los jóvenes. Mientras que las necesidades de familias crecientes suban y bajen, tal vez vas a necesitar cambiar el programa para niños o reesforzar la escuela dominical u otros componentes de tu ministerio. Generalmente, para poder mantenerte igual —para mantener consistencia— estrategias y planes de acción van a cambiar.

Si mantienes el énfasis en los aspectos de ministerio de la misión y visión, es más fácil mantener a los miembros enfocados durante el proceso previo de la construcción y de la edificación. Recuerda, no solamente estás construyendo un edificio, estás desarrollando una herramienta, una facilidad, para aumentar la eficacia del ministerio de la iglesia.

Cómo compartir la visión

Mantén la visión fresca

Mantener viva la visión es una cuestión de la comunicación eficaz. Siempre empieza con tus constituyentes más involucrados, las personas más comprometidas y más familiarizadas con la visión, y sigue trabajando en círculos concéntricos hasta que llegue al borde, donde estás intentando compartir la visión con los nuevos y los que apenas están llegando.

Teniendo algún proceso para miembros nuevos es importante. De esa forma, mientras entra la gente a la congregación, son introducidos al ministerio de la iglesia (la doctrina, como funciona la iglesia, y los ministerios). Al mismo tiempo, deben ser introducidos a la visión, el plan maestro, y las fases del desarrollo, y donde está la iglesia en el continuo.

Cada vez que tienes una reunión de finanzas o una reunión anual, es muy importante hablar de la visión y reenfocar la atención de la congregación hacia las metas y planes de acción. Todos deben recibir las noticias de cómo está progresando la iglesia hacia sus metas, y debe haber un tiempo para preguntas y respuestas. Estos son ocasiones donde quieres invitar la discusión y la interacción. Mientras que todos entiendan que la visión es una obra en progreso y no algo escrito en piedra, nadie debe de sentir la necesidad de defenderla. Permitiendo la discusión abierta es una buena manera de levantar un sentido de gobierno del proceso dentro de la congregación.

Mantén la visión, ajústala durante el camino, y comunica los reportes de progreso durante el sistema. Entonces, mientras cada fase exitosa sigue adelante, no es una sorpresa; de hecho, cada fase nueva debe generar un entusiasmo renovado cuando la gente vea que la visión gradualmente está cobrando vida.

Mí creencia es que planeando para el próximo proyecto de construcción debe ser una parte natural de un enfoque continuo en el futuro y en su visión. Siempre tienes que tratar con donde está ahora, pero manteen el ojo de tu mente en donde crees que el Señor está dirigiendo a la congregación en el futuro.

Da vida a la visión

Nunca cumplirás con todo lo que Dios tiene para la iglesia si no ejercitas la disciplina para articular la visión claramente y definir los resultados deseados. Mientras que miras a la comunidad, pregúntate: "¿Cómo los vamos a alcanzar?" Empieza con una temporada de oración; después, como dirige el Señor, añade a las oraciones el salir a la comunidad para descubrir necesidades tanto actuales como percibidos. Si vas a ser deliberado e intencional en cumplir con la visión que Dios te ha dado, uno de los pasos principales tiene que ser la investigación.

Durante el proceso, continuamente regresa a la misión y visión para mantenerte orientado. Revisa los planes mientras sigues creciendo, pero nunca pierda la vista del propósito sobre todo, que debes permanecerte constante. Alinea tus pasos de acción con los ritmos naturales de la vida y el ministerio. Después de completar a cada fase, cada congregación necesita tiempo para respirar y recuperar y celebrar lo que han hecho. Una parte muy significativa de la vida del cuerpo es mantener la visión fresca y viva, sin ahogar a la gente en ella. No tengas tanta prisa para alcanzar a la meta que atropellas a los miembros en el proceso.

La visión siempre es una obra en progreso. Por lo menos anualmente debes de refrescar la visión y ajustar tu plan de ministerio. Pregúntate a ti mismo, los líderes y los miembros: "¿Qué hemos aprendido de nosotros mismos este año? ¿Está demasiada grande o pequeña nuestra visión?". Mientras revisas los éxitos y los retos, pregunta: "¿Dónde nos deja eso en el continuo y cuales asuntos nuevos estamos enfrentando? ¿Qué debemos de estar haciendo este año? ¿Dónde debe de estar nuestro enfoque primario?"

Cómo compartir la visión

Hasta que regrese el Señor, nunca terminamos de trabajar en nuestra visión; nunca dejamos de desarrollar nuestros planes estratégicos. Siempre estamos creciendo, porque siempre estamos aprendiendo. Oramos, desarrollamos nuestros planes, trabajamos en los pasos de acción, y aprendamos en el camino, y después oramos, revisamos y trabajamos más. Esta es la visión en acción.

CAPÍTULO 4

LA MAYORDOMÍA:
CÓMO USAR EFICAZMENTE EL DINERO DEL REINO

Ya que la visión está hecha y has definido tus necesidades, deseos, y sueños, vas a tener alguna idea del tipo de edificio que se va a necesitar. La próxima pregunta lógica es: "¿Cómo vamos a pagar por todo esto?" La respuesta depende en parte en la fuerza económica de la congregación, su entendimiento de la mayordomía, y su filosofía de deuda. Antes de gastar mucho dinero en planes maestros y el proyecto detallado, tienes que calcular la capacidad financiera actual, y también cómo anticipas el crecimiento, para que puedas proyectar razonablemente tu habilidad para cumplir con la visión. Eso no significa que no confías en Dios para cumplir con las necesidades en el camino, pero sí significa que cuentas con el costo antes de empezar. "Porque ¿quien de vosotros, queriendo edificar una torre, no se sienta primero y calcula los gastos, a ver si tiene lo que necesita para acabarla? No sea que después que haya puesto el cimiento, y no pueda acabarla, todos los que lo vean comiencen a hacer burla de él, diciendo: Este hombre comenzó a edificar, y no pudo acabar" (Lc. 14:28-30).

Para determinar la capacidad actual de la congregación para cumplir con sus objetivos, empieza a establecer un propuesto basado en las finanzas corrientes y tu potencial para un préstamo. Un propuesto bueno pondrá linderos alrededor de la lista de necesidades, deseos, y sueños.

Empieza con un plan financiero sólido

Si estás serio acerca del crecimiento, expansión y la

Cómo construir y financiar su templo

construcción de la iglesia, tendrás que preparar un plan financiero desde el principio. La mayordomía sabia toma en consideración la habilidad de Dios en proveer recursos, además de la norma de ofrendas de la congregación. Es importante mirar a la actuación financiera de la iglesia, pasado y presente, y estudiar las tendencias, mirando a las donaciones por persona, y evaluando qué tanto ha aceptado el reto de apoyar el trabajo de Dios con las finanzas. Esto también es un buen tiempo para estimar la capacidad para un préstamo, en el evento que el proyecto va más allá de las reservas de efectivo.

Al final de este capítulo, hemos incluido *"Un presupuesto para la iglesia"* y *"Cómo calcular los pagos mensuales"* para ayudarle a averiguar cuál es la fuerza de las finanzas de la iglesia. Toma el tiempo para trabajar con estas formas con tu equipo de liderazgo.

Si no tomas cuenta de la realidad financiera, puedes soñar, crear visión y planear todo lo que quieras, solamente para darte cuenta de que no hay manera de pagar por tus planes. Aunque las finanzas nunca deben de dirigir a la visión, las finanzas necesitan estar en balance con tu visión, o derrumbarán a la visión. ¡Garantizado! Una de las maneras más rápidas para desmoralizar a un equipo de líderes claves es si las finanzas caigan y el proyecto se para repentinamente. Cuando eso sucede, todo el ímpetu desaparece, el enfoque se pierde, y todos empiezan a apuntar sus dedos, usualmente al pastor.

Una historia trágica ocurrió en una iglesia en el centro del país donde, en medio del proyecto de construcción, el equipo de liderazgo se desvió de su visión y plan y aumentó el tamaño del edificio sin contar el costo. El resultado final fue que el edificio nunca se terminó, la propiedad fue confiscada, y la iglesia tenía que mudarse.

En otra situación, una iglesia alquiló un arquitecto y empezaron en la fase de la planificación de su proyecto de construcción antes de haber establecido un presupuesto. Cuando el diseño inicial fue regresado, llamó por un edificio que sobrepasó por mucho la cantidad que realmente podrían pagar. Desdichadamente, cuando por fin descubrieron que su presupuesto era insuficiente, ya estaban conectado emocionalmente con el diseño. Ellos decidieron seguir adelante, pero tenían que buscar rápidamente un plan financiero para cumplir con el contrato que habían firmado. Tristemente, la iglesia ahora está sobreextendida y batalla mucho en hacer sus pagos mensuales, mientras intentan a mantener sus programas ministeriales. Las insuficiencias del presupuesto casi siempre son precursoras a luchas significantes en una congregación. Es absolutamente esencial evaluar su capacidad para pagar, y para planear su proyecto de construcción de acuerdo con esa habilidad, para poder completar el proyecto sin dificultad o disensión.

¿Planificación para el éxito o el fracaso?

No creo que Dios daría a tu iglesia una visión sin proveer los medios para obtenerlos. Si faltan los recursos financieros, ¿por qué es así? ¿Es porque el pastor no ha hecho lo suficiente para enseñar acerca de las responsabilidades y beneficios del diezmar? ¿Es porque los líderes no han comunicado adecuadamente la visión para que la congregación no sienta obligada a actuar? ¿Ha sido el proceso bañado en tanta oración que estás muy confiado que los planes son los del Señor? ¿Qué pasos debe tomar como una congregación durante los próximos seis meses para considerar la vista bíblica de las finanzas en la iglesia? Como líder, ¿qué necesitas hacer de un modo diferente para informar adecuadamente a la congregación acerca del papel de la mayordomía en cumplir la visión de la iglesia para que pueda tomar decisiones si debe o no subir al bordo?

Como pastor tienes la responsabilidad de enseñar todo el consejo de Dios y trazar bien la Palabra de verdad. Esto incluye la necesidad de hablar acerca del dinero. Desafortunadamente hay muchos pastores que nunca hablan del dinero porque creen que serán caracterizados como uno que siempre trata de meter la mano en los bolsillos de la gente. ¡Un disparate! Hay que enseñar los principios bíblicos. No hay que añadir o quitar de ellos, sino sólo enseñarlos, dejando que el Espíritu Santo ministre y deje que los hermanos hagan las decisiones para sí mismos y sus familias acerca de cómo van a responder. Toma a Dios a su palabra. Él es fiel. No hay que robar a la congregación de la bendición que viene de devolver a Dios de nuestras finanzas.

Tu visión y la provisión de Dios

Todo lo que hemos estado viendo hasta este punto supone que tú estás construyendo sobre la base firme de un plan de ministerio que tiene sus raíces en una misión y visión claramente definida. Ya que el fundamento esencial haya sido establecido, hay una tremenda cantidad de sabiduría en simplemente "hacer el ministerio" de día a día, no cambiando direcciones, pero trabajando de acuerdo al plan y obrando en el proceso. Eso es el trabajo duro del ministerio. Desdichadamente, muchos pastores no son dispuestos o capaces para disciplinarse para hacer el difícil trabajo. No siempre es fácil ver a los siguientes doce domingos y preguntarse: "¿Qué son los principios que deben de ser articuladas durante esta próxima temporada? ¿Voy a predicar en Josué, Romanos, o Mateo? ¿Cómo voy a articular plenamente la Palabra de Dios en una enseñanza buena y sólida?"

Cada aspecto de tu ministerio —desde la enseñanza a la predicación y hasta las actividades— debe apoyar a la misión y la visión de la iglesia. ¿De otra forma, por qué lo está haciendo? Yo me pongo nervioso cuando pastores no tengan un plan bien concebido. Algunos pastores le da la impresión de que están esperando hasta el sábado en la noche para ver lo que Dios va a hablar a sus corazones. El peligro al no tener un plan sistemático de ministerio es que está casi garantizado a desviarse de la visión y no enseñar verdades importantes en su enseñanza. Y cuando el tiempo venga para construir, es probable que va a descubrir que su congregación no está lista para mover adelante con el plan.

Si no hayas estado enseñando a la congregación acerca de ofrendar bíblicamente, como una parte regular y normal de tu plan de ministerio, les estás robando de una oportunidad para recibir una bendición de Dios y para ser parte de algo más grande de lo que ellos jamás imaginaron.

De otra forma, si hayas enfocado suficiente atención en comunicar la visión de la iglesia, y haya explicado las realidades financieras que acompañan a la visión, estoy convencido de que cuando el tiempo venga para mover adelante, el dinero estará disponible para hacer lo que quieres hacer.

El plan de Dios en el tiempo de Dios

El tiempo es un factor muy importante. Una de las cosas más difíciles para hacer es esperar: para disciplinarte a esperar para el tiempo perfecto de Dios y no crear tus propios planes ingenios para cómo hacer las cosas. De otra manera, es fácil usar el refrán "estamos esperando en Dios" como excusa para no hacer lo que puedas hacer para preparar y planear. Ya cuando hayas hecho tu tarea en crear la visión, presupuestar y planificación; ya cuando hayas puesto los cimientos al enseñar los principios bíblicos necesarios; y cuando hayas articulado bien una visión clara y convincente y tu congregación ha empezado a unirse a la visión, una de las maneras más sencillas de averiguar si es el tiempo de Dios o no es mirar al presupuesto. ¿Has empezado a ver promesas de fe en la ofrenda? ¿Se ha mantenido su nivel el fondo general de la iglesia o ha subido en anticipación a las necesidades que vienen? ¿Ha empezado a llenarse el fondo para la construcción con ofrendas especiales? Tal vez no es el tiempo de Dios todavía —recuerda la historia de John Maxwell en la Introducción acerca de los treinta hectáreas "perfectas" que Dios no les dejó comprar— pero cuando las cosas empiecen a suceder, puedes orar a Dios que Él te revele su sabiduría para decisiones específicas sobre el tiempo, el sitio, y financiamiento.

Cómo construir y financiar su templo

Si has enseñado diligentemente la plenitud de las Escrituras, y si has involucrado en la creación de la visión de la iglesia para que puedan abrazar y apoyar sus metas y direcciones, ya van a saber lo que significa dar con sacrificio. Van a saber cuando es el Señor tocándoles para comprometerse y serán dispuestos para mover adelante. Demasiadas veces, sin embargo, cuando el tiempo se demora, es porque los cimientos no han sido puestos correctamente, la información necesaria no ha sido impartida a la congregación, o las realidades financieras no han sido comunicadas adecuadamente. El resultado final es que la gente se siente manipulada y forzada al financiar a una visión que realmente no apoyan ni entiendan. Compromisos forzados no son compromisos espirituales, y los compromisos espirituales no son forzados.

La mayordomía propia es un balance muy delicado. De una forma, no debes tener miedo de pedir a los hermanos que sacrifiquen. Mi punto de vista personal es que es bueno para ellos. Pero el dar con sacrificio debe de nacer del Espíritu, y no porque alguien se siente presionado.

Compromisos espirituales nacen de convicciones genuinas y son enfocados en la visión para alcanzar a personas con el evangelio e influenciar la dirección de sus vidas. Compromisos espirituales no vienen de ser forzado a dar. Si el pastor solamente predica su "sermón de mayordomía" cada vez que es tiempo de levantar fondos para algo, si no es una parte regular de la vida del cuerpo y conectado con la visión de la iglesia, entonces sus miembros van a sentir que están sometiéndose a tácticas de fuerza, y terminarán con sentimientos negativos acerca del proyecto y el pastor.

Otro asunto que puede generar sentimientos negativos dentro de la congregación, es el desacuerdo sobre el uso propio de crédito y financiamiento de afuera. Parte de la controversia viene de una mala aplicación de principios financieros personales a la unidad corporal de una iglesia.

La mayordomía

¿Es pecaminosa la deuda?

Un gran número de consejeros financieros han escrito libros maravillosos para ayudar a individuos a controlar sus finanzas y sus gastos. Aunque yo estoy de acuerdo con muchos de los principios que ellos presentan, yo creo que es un error aplicarlos directamente a una iglesia, como si fueran directamente transferibles porque no lo son. Desgraciadamente, muchas iglesias intentan operar de acuerdo al modelo de "finanzas personales", para el detrimento de sus ministerios. Un principio que muchos consejeros financieros recomiendan, pero con la cual yo no estoy de acuerdo, es la idea de que debemos pagar la hipoteca para "salir de la deuda".

De mi punto de vista, la iglesia debe estar enfocada en ministerio, no de la seguridad dudosa que viene de tener el edificio totalmente pagado. ¿Cómo sirve a la misión y la visión tener la hipoteca totalmente pagada? La misión de la iglesia es alcanzar a los perdidos y heridos en la comunidad con las buenas nuevas de salvación en Jesucristo, y para discipular la congregación para llegar a ser miembros maduros del cuerpo de Cristo.

Las responsabilidades de mayordomía de una iglesia e individuos también son muy diferentes. Distinta a un individuo o familia, la iglesia es una corporación sin fin lucrativo que debe funcionar de una forma bíblica en el mundo de empresas. Como una entidad corporativa, la iglesia tiene capacidades y responsabilidades distintas de un individuo. Tiene una misión diferente. Y la iglesia, porque es un cuerpo agregare, tiene mucho más fuerza financiera que un individuo o una familia.

Un modelo más efectivo de comparación de como la iglesia debe de gobernar a sus recursos puede ser de una empresa de fabricación o de servicios. En una fábrica, por ejemplo, haciendo la decisión para redimir la hipoteca en el edificio y equipo en vez de usar los mismos ingresos para comprar materiales para producir más producto —o, en el caso de una empresa de

servicio, redimir la hipoteca en vez de emplear más representantes de venta y técnicos— tiene tan poco sentido como una
iglesia pagando su hipoteca en completo en vez de invertir esos
mismos fondos más eficazmente en extender su ministerio, tanto
localmente como mundialmente. La pregunta clave es: ¿cuál
distribución de recursos sirve mejor y avance la misión y la visión
de la organización?

¿Qué es la deuda?

Un lugar donde yo no estoy de acuerdo con muchos
consejeros financieros cristianos es el lema de la deuda. Algunos
planeadores financieros definen a la *deuda* como "cualquier
tiempo que pide prestado" o "cualquier tiempo que debe algo
a alguien". Basado en esos pensamientos, tomarán un versículo
como Romanos 13:8: "No debáis a nadie nada, sino amaros unos
a otros". Sugieran que pedir prestado es malo. Yo no estoy de
acuerdo. "Pidiendo prestado" y "tener deuda" no son la misma
cosa. Desde mi perspectiva, uno no está endeudado si uno o
más de las siguientes condiciones aplica:

1. Uno debe más que posee; en otras palabras, no tiene
   patrimonio.
2. Los pagos que se requieren son más grandes que uno
   puede aguantar.
3. Uno está delincuente en sus pagos.

Si cualquiera de estas tres condiciones se aplica, entonces está
endeudado. Pero si ha simplemente pedido por prestado $200.000,
por ejemplo, para comprar un edificio que vale $400.000, y puede
aguantar cómodamente el pago mensual de $1.800 de sus ingresos
actuales, desde mi perspectiva no está endeudado, porque tiene
un patrimonio neto en el edificio y puede liquidar la posesión y en
cualquier tiempo devolver lo que debe.

Basada en la definición de deuda que vimos arriba, yo estoy
de acuerdo de que las iglesias deben de evitar la deuda. La mejor
manera de evitar la deuda es establecer suficiente patrimonio

La mayordomía

en su posesión que está comprando, para que los pagos puedan ser aguantados y nunca debe más de lo que se vale la posesión.

Si una iglesia va a construir un edificio, mi primera pregunta es: "¿Cuánto efectivo tiene en su fondo de construcción para usar para el proyecto?" Si el pastor dice: "Bueno, vamos a pedir prestado el dinero, entonces no necesitamos un fondo de construcción", mi próxima pregunta es: "¿De dónde va a venir su patrimonio?" Ningún prestador va a prestar 100 por ciento del valor del edificio. Necesita establecer *por lo menos* una posición de patrimonio de 20 por ciento para poder calificar por un préstamo, y solamente hay dos formas de aumentar patrimonio: efectivo y trabajo duro.

Más de eso, necesita examinar cómo va a hacer sus pagos. Mientras mira su fondo general —el total de los ingresos de la iglesia, no incluyendo a misiones u otras ofrendas restrictas— un estándar común es que puede pagar entre 30 y 33 por ciento de su ingreso neto para cumplir con su pago de hipoteca.

Vamos a decir que el ingreso de fondo general tiene un promedio de $10.000 por mes. De acuerdo a los estándares de los líderes de la industria, uno puede comprometerse a pagar cerca de $3.000 por mes (30 a 33 por ciento) de ese $10.000 para hacer su pago mensual de hipoteca, que significa que, dependiendo en la tarifa de interés, uno puede soportar una hipoteca de $300.000 a $350.000. Si la hipoteca representa no más de 80 por ciento del valor del edificio (que debe ser verdad para poder calificar por un préstamo), entonces puede pagar por un edificio que le costará entre $375.000 a $450.000, y necesita levantar entre $75.000 y $100.000 en efectivo para establecer patrimonio neto de 20 por ciento y mantener a su hipoteca menos que $350.000.

Si el valor del edificio propuesto es $450.000, y la iglesia ha levantado $100.000 en efectivo para usar para el proyecto, mientras paga mensualmente sus pagos y el valor de mercado se mantiene lo mismo o se aumenta por lo menos con la inflación, está estableciendo un patrimonio que va aumentando en su edifico. Aunque debe al banco $350.000, desde mi perspectiva eso no es deuda, eso es buen mayordomía, porque está cumpliendo con su necesidad para un edificio nuevo sin sacrificar ministerio para hacerlo. Si, de otra forma, insista en levantar todo los $450.000 en efectivo antes de edificar, ¿cuánto ministerio va a tener que cancelar durante ese tiempo, y qué va a suceder con el costo de construcción mientras está ahorrando el efectivo para pagar por su proyecto? Un buen mayordomo cuenta a *todos* los gastos antes de construir.

¿Qué sucede, si necesita apoyar una hipoteca de $300.000, pero el fondo general es aproximadamente $8.000 por mes en vez de $10.000? De esa forma, el pago mensual de $3.000 sería más que 33 por ciento de sus ingresos mensuales. Si no eres capaz de minimizar el proyecto de construcción hacia un nivel que se puede pagar de los ingresos actuales, mi forma de manejar la situación sería venir a la congregación y decir: "Necesitamos compromisos de fe para agrandar nuestro fondo general por $2.000 por mes (vamos a decir) por tres años, hasta que podamos crecer hasta el lugar donde nuestro fondo general pueda apoyar nuestra obligación hipotecaria". Yo creo que eso es una manera prudente de atender al asunto. Hay mecanismos que pueda usar para arreglar las finanzas de tal manera que puedas hacerlo. Otra vez, todo esto es parte de contar los gastos antes de empezar.

¿Debe la iglesia ser libre de deudas?

Para evitar estar envueltos en semánticos, vamos a aclarar algo ahora mismo: si se acepta mi definición de "deuda" (la cual ocurre solamente si uno debe más que posee, si no puede aguantar los pagos de sus ingresos, o si está delincuente en sus pagos), entonces podamos estar de acuerdo de que siendo "libre de deudas" es la única forma para volar. Claramente, si la alternativa es estar al revés financieramente, es obvio porque debe evitar la deuda. De otra forma, tal vez hay los de la congregación (y tú puedas ser uno de ellos) que van a insistir que siendo "libre de deudas" significa que la iglesia debe de operar solamente por efectivo y sin obligaciones algunas. Desde mi perspectiva, la definición de "libre de deudas" es corta de vista y no necesariamente bíblico.

Si yo tuviera un consejo directivo que estaba diciendo: "Queremos doblar o triplicar nuestros pagos de hipoteca hasta que no tenemos deuda" mi reacción inmediata sería: "¿Por qué? ¿Qué está detrás del impulso para ser libre de deudas?" Si la motivación para pagar la hipoteca en total es la seguridad, yo tengo que preguntarte: "¿Dónde está tu seguridad, en los edificios o en el Señor?" Si la seguridad está en el Señor, entonces ¿cuál es la más alta y mejor manera de usar los dólares que Él te haya confiado como mayordomos? ¿Es pagar la hipoteca, o es hacer sus pagos mensuales y usar la diferencia para empezar un programa para jóvenes, o un programa de comida para los pobres, o para pagar por un viaje misionero a Nicaragua? ¿Qué puedes hacer que sería ministerio eficaz, moverá a la congregación hacia cumplir con su visión, y que sería consistente con su misión? Lo que sea, gasta el dinero allí. Yo creo que los pastores tienen una responsabilidad en dirigir a las congregaciones hacia un punto de vista balanceada de pedir préstamos y que es una forma óptima para usar el dinero que está entrando. Vamos a tener un impacto en las vidas de las personas, no solamente con el departamento de préstamos en el banco.

Desde mi punto de vista, uno de los días más espantosos es el día en que la iglesia queme la hipoteca. A menos que tienen una visión convincente para el futuro que les va a jalar adelante, el peligro de "pagarlo todo" es que la iglesia puede acomodarse y llegar a ser satisfecha con sí misma, y la congregación resistirá tomando nuevos obligaciones y retos frescos. Si has entrado a un santuario viejo o un centro familiar viejo o salón de clase viejo, entonces sabes de lo que estoy hablando. Lo he visto vez tras vez donde una iglesia paga por completo su hipoteca, pierde su ardor, pierde su perspectiva del futuro, y empieza a bajarse inevitablemente.

Ahora, no me malentienda. Pagando por completo la hipoteca no es la causa del problema. Es lo que sucede por siguiente para usar el dinero disponible o descansar con el éxito que haya experimentado que establece la dirección hacia el crecimiento continuo o la declinación continua. Si yo todavía fuera pastor y mi iglesia estaba "libre de deudas", yo estaría buscando un proyecto. Pudiera ser plantar otra iglesia en otra comunidad, añadiendo un edificio a nuestra iglesia, creando un ministerio nuevo para alcanzar a nuestro barrio o pueblo, o empezando una renovación progresiva del edificio actual, pero yo estaría buscando un proyecto para usar los posesiones que no están siendo utilizadas. Como los dos mayordomos sabios en la parábola de los talentos que Jesús compartió (Mt. 25:14-30), yo estaría buscando una manera para maximizar los recursos que son disponibles ahora.

El costo de pagar en efectivo

Un argumento que he oído en contra de los préstamos es que: "Yo no quiero pagar interés. Eso es dinero que se quema. Podría usar este dinero para el ministerio". Es verdad, ¿pero cuándo? ¿Si estás doblando los pagos al banco, o guardando en una caja grande el "efectivo para poder edificar", cuándo vas a poder usar ese dinero para el ministerio? ¿Por qué no financiar el edificio nuevo y usar la capital que representa ese dinero para el ministerio ahora? El costo sencillo de financiar no es el único costo para considerar. ¿Qué del costo de oportunidad al usar todos los recursos de la iglesia para pagar rápidamente la hipoteca, o intentando a acumular un fondo de construcción de 100%? Las oportunidades perdidas del ministerio raramente son recuperadas.

Aunque estoy de acuerdo de que la iglesia debe mantener sus gastos de interés a un mínimo (no pague más que lo necesario), pagando interés no es mal en sí. ¿Si trabajas con un banco por la cual tengas respeto, es un problema que sus accionistas reciban beneficios al recibir interés del préstamo de la iglesia? Ahora, si están financiando la construcción de un teatro pornográfico un cuadro de su iglesia también, eso puede ser otra situación. Allí es donde recursos denominacionales como Plan de Extensión de Iglesia tienen una ventaja, porque todo el dinero que entra se dirija a otros préstamos para iglesias. No hacemos nada más. Si puedes usar un recurso denominacional, donde todo el interés es invertido en otros préstamos para iglesias, entonces el argumento contra pagar interés es eliminado, porque todos son dólares del reino en ese punto.

Un uso apropiado de pedir prestado balancea obligaciones contra las limitaciones del presupuesto, para que no esté faltando ministerio al favor de pagar por completo sus préstamos, ni esté ignorando recursos disponibles que pudieran ser usadas para pagar por ministerios adicionales. El objeto es usar fondos prestados de tal manera que cumpla las metas de su misión y visión, sin tener deuda (de acuerdo a nuestra definición). Yo no estoy recomendando que una iglesia sale y pide prestado más de lo necesario y razonable, pero tampoco debe de evitar los préstamos solamente porque crea la obligación financiera.

Nunca vende el futuro

Otro principio de mayordomía sabia es que trabajas con lo que tienes hoy, no lo que piensas tener mañana. Nunca digas: "Bueno, con este edificio nuevo podremos crecer de 100 miembros a 300, y al 300 podríamos pagar este pago, entonces podemos pedir prestado esa cantidad". Siempre empiezas donde estás, porque de otra forma pongas mucha presión en la congregación para crecer a 300 (o lo que sea el número en su caso), y si no sucede, entonces estás al revés financieramente. He visto demasiadas iglesias que intentan estrecharse más allá de un nivel razonable y terminan pagándolo a largo plazo. Siempre planeas y pides prestado lo que puedes pagar hoy.

Cómo construir y financiar su templo

Puede significar que tienes que completar el proyecto en fases, porque no puedes pagar por todo lo que necesitas hacer. Siempre tienes que traer a tu visión actual a las realidades de presupuesto, pero nunca venda el futuro.

No pasa por alto gastos constantes

Cuando estás averiguando cuantos gastos mensuales puedes pagar, no te olvides de incluir el costo del mantenimiento de las calculaciones. Dependiendo del tamaño de la iglesia —tanto el edifico como la congregación— mantenimiento del edificio puede tener ramificaciones significantes en el presupuesto. Puede ser necesario y sabio establecer una reserva de efectivo para pagar por mantenimiento que vendrá, como un techo nuevo o pintura, y no pase por alto gastos regulares como reemplazar filtros de horno y focos. Si cuesta $100 por cuarto calendario para reemplazar los filtros, por ejemplo, y no hayas presupuestado el dinero para hacerlo, entonces no los reemplaces. Puedes terminar pagando $2000 para un compresor nuevo. La realidad es que lo más que defiere el mantenimiento porque "no tenemos el efectivo ahora", lo más que te va a costar después, y lo más daño que se puede causar que se requiere más inversión.

Decide si vas a reservar el efectivo o simplemente asignar dinero para gastos de mantenimiento cada año en el presupuesto (como una línea para mantenimiento o un mejoramiento de capital). Haz las decisiones basada en un entendimiento claro de los ingresos de efectivo a la iglesia y como serviría mejor a la congregación. Es mucho mejor planear los gastos de mantenimiento en el presupuesto desde el principio, y hacer el trabajar progresivamente como venga, en vez de dejar que el mantenimiento se ignore. El tiempo para hacer esas decisiones es durante el proceso de planificación, no después de que se haya completado el edificio.

84

La mayordomía

¿Cuándo es sabio estrecharse?

Cuando ya tengas una idea firme de lo que se pueda pagar, puedas evaluar oportunidades específicas donde puede tener sentido estrecharse un poco; esas situaciones donde por un poco más de dinero puedes tomar un paso grande por delante. Por ejemplo, vamos a decir que una iglesia está comprando una propiedad de cinco hectáreas, que cabe en los planes de corto plazo y el presupuesto actual, pero el 25 por ciento más puedas comprar diez hectáreas. Y cuando miras al plan maestro y la visión para el futuro, los diez hectáreas realmente tiene más sentido de una perspectiva de largo plazo. ¿Es tiempo para estrecharse un poco? ¿Tendría sentido tomar un poco del resto del presupuesto para estrecharse a cubrir el 25 por ciento extra, y así abrir los horizontes para el futuro? Probablemente. Por supuesto, la próxima pregunta debe ser: "¿Qué debemos de hacer dentro de nuestro propuesto para hacer lugar para estrecharnos?

Cada situación será diferente, y hay muchos otros factores para considerar, pero si la visión es clara, apremiante, y comprensiva, y si hayas hecho un buen trabajo al evaluar las capacidades financieras, estás en una posición para hacer una decisión sabia y prudente con relación a una oportunidad específica que venga. En vez de andar en la oscuridad, y arriesgar una decisión mala, vas a estar preparado a preguntarte unas preguntas específicas:

- ¿Necesitamos las hectáreas adicionales para cumplir con nuestra visión?
- ¿Qué tan pronto lo vamos a necesitar? ¿Podríamos rentar la propiedad mientras para ayudar con el costo?
- ¿Qué efecto tendrá el costo adicional con el presupuesto?
- ¿Tenemos fondos disponibles dentro de nuestro presupuesto actual sin minimizar nuestra capacidad para ministerio, o debemos (o podemos) levantar fondos?

- ¿Es esto uno de esos momentos estratégicos donde un estrecho pequeño pueda ayudarnos a alcanzar nuestra visión? Si es así, puedes unir a las personas alrededor de la visión revisada y hacer el trabajo.

El punto básico es siempre: "¿Qué realmente podemos pagar?" y "¿qué significa con respecto a nuestro plan?" Si hayas puesto los cimientos propios, tu visión debe de poner marcas allá adelante. Mi esperanza es que la visión te causa a pensar en grande, pero que también te evitará de alcanzar mas allá de lo que puede la iglesia.

Otra ventaja de una declaración de visión clara es que te permita desarrollar un sentido de ritmo. Con un plan bueno implementado, cada decisión nueva no crea consigo una crisis. En vez de eso, puedes venir a este viaje con la confianza de que no tienes que alcanzar a la meta en los próximos diez segundos. Sabes hacia donde te vas, sabes que es una viaje, y sabes que tienes tiempo para llegar allí. Con cada proceso gradual, necesitas arrastrar antes de que puedas caminar antes de que puedas correr.

Un presupuesto para la iglesia

Pautas para desarrollar un presupuesto anual para la iglesia

Un presupuesto es una guía para usar con el fin de avanzar hacia la visión de tu ministerio. Al recurrir a los gastos del año pasado y tus metas actuales, puedes tener una visión clara de lo que te espera el año que viene. La información que recibes de los varios jefes de departamentos que estarán afectados por el presupuesto será muy beneficiosa para desarrollar un cuadro exacto del plan financiero de la iglesia.

La mayordomía

	Detalle	Subtotal	Categoría subtotal
INGRESOS ANTICIPADOS *(un año)*			
Fondo general (diezmos y ofrendas)	$_____		
Misiones	_____		
Educación cristiana	_____		
Fondo del edificio	_____		
Fondos designados	_____		
Ofrendas especiales	_____		
Ingresos por alquiler	_____		
Otros ingresos	_____		
TOTAL DE INGRESOS ANUALES			$_____

GASTOS ANTICIPADOS *(un año)*			
Personal			
Salarios	$_____		
Seguros	_____		
Viviendas y servicio público	_____		
Transporte	_____		
Seguros sociales / jubilación	_____		
Reuniones fraternales	_____		
Educación y entrenamiento contínuo	_____		
Otros gastos	_____		
TOTAL DE GASTOS DE PERSONAL		$_____	

Misiones mundiales			
Misiones internacionales	$_____		
Misiones nacionales	_____		
Conferencia misionera	_____		
Responsabilidad compartida	_____		
Otros gastos	_____		
TOTAL DE GASTOS DE MINISTERIOS MUNDIALES		$_____	

Ministerios especializados			
Ministerio para hombres	$_____		
Ministerio para mujeres	_____		
Ministerio para jóvenes	_____		
Clubes bíblicos	_____		
Campamentos	_____		

Cómo construir y financiar su templo

Ministerio de música _____
Benevolencia _____
Publicidad (radio, TV, periódicos) _____
Otros gastos _____
TOTAL DE GASTOS DE
MINISTERIOS ESPECIALIZADOS $_____

Educación cristiana
Materiales $_____
Equipo _____
Discipulado / seguimiento _____
Evangelismo _____
Biblioteca de la iglesia _____
Escuela bíblica de vacaciones _____
Otros gastos _____
TOTAL DE GASTOS DE
EDUCACIÓN CRISTIANA $_____

Edificio y mobiliario
Servicio público $_____
Reducción de deudas _____
Mantenimiento del edificio _____
Mantenimiento del estacionamiento _____
Mantenimiento de terreno _____
Mantenimiento de vehículos _____
Mantenimiento de equipo _____
Seguro _____
Equipo de cocina _____
Otros gastos _____
TOTAL DE GASTOS DE
EDIFICIO Y MOBILIARIO $_____

Oficina de la iglesia
Equipo de oficina $_____
Materiales y artículos de oficina _____
Boletines y envíos _____
Gastos de envío _____
Otros gastos _____
TOTAL DE GASTOS DE
OFICINA DE LA IGLESIA $_____

La mayordomía

Fondos designados
Adquisición de vehículos   _____
Calefacción / aire acondicionado   _____
Techo   _____
Alfombra   _____
Equipo de sonido / música   _____
Pintura (interior / exterior)   _____
Máquinas de oficina
(computadora, teléfonos, y otras)   _____
Otros gastos   _____
TOTAL DE FONDOS DESIGNADOS $_____

TOTAL DE GASTOS ANUALES $_____

FONDOS NETOS (INGRESOS - GASTOS) $_____

Sumario:

1. Suma cada ingreso anticipado de la línea detalle para llegar al total de ingresos anuales.
2. Suma cada gasto anticipado de la línea detalle para llegar al subtotal. Suma cada subtotal de gastos anticipados para llegar al total de gastos anuales.
3. Restar el total de gastos anuales del total de ingresos anuales. Eso equivale a los fondos netos.
4. Si los ingresos exceden los gastos, hay que considerar el uso de fondos adicionales para el retiro de deudas o para más adquisiciones.

Después de completar el presupuesto general, hay que crear un presupuesto anual para cada categoría o departamento con los ingresos y gastos registrados cada mes hasta la fecha y cada año hasta la fecha.

Cómo construir y financiar su templo

Cómo calcular los pagos mensuales

Índice de porcentaje

Cantidad prestada

	7%		8%		9%		10%		12%	
	20 años	30 años	20 años	30 años	20 años	30 años	20 años	30 años	20 años	30 años
100.000	775	655	836	734	900	805	965	878	1.101	1.029
200.000	1.551	1.331	1.673	1.468	1.799	1.609	1.930	1.755	2.202	2.057
300.000	2.326	1.996	2.509	2.201	2.699	2.414	2.895	2.633	3.303	2.086
400.000	3.101	2.661	3.346	2.935	3.599	3.218	3.860	3.510	4.404	4.114
500.000	3.876	3.327	4.182	3.669	4.499	4.023	4.825	4.388	5.505	5.143
600.000	4.652	3.992	5.019	4.403	5.398	4.828	5.790	5.265	6.607	6.172
700.000	5.427	4.657	5.855	5.136	6.298	5.632	6.755	6.143	7.708	7.200
800.000	6.202	5.322	6.692	5.870	7.198	6.437	7.720	7.021	8.809	9.229
900.000	6.978	5.988	7.528	6.604	8.098	7.242	8.685	7.898	9.900	8.229
1.000.000	7.753	6.653	8.364	7.338	8.997	8.046	9.650	8.776	11.011	10.286

La mayordomía

Cómo calcular el radio valor / deuda

Ecuación simple:
La cantidad del préstamo dividida por el valor de la propiedad

Ejemplo:
Una iglesia recibe un préstamo por $850.000 y el edificio es valorado en $1.200.000

$850.000 dividido por $1.200.000 es igual a 70,83% valor / deuda

menos de 60%	radio valor / deuda	CONSERVADOR
60 a 85%	radio valor / deuda	AGRESIVO
85 a 100%	radio valor / deuda	RIESGOSO

CAPÍTULO 5

CÓMO ENCONTRAR EL FINANCIAMIENTO

Hay numerosas maneras para juntar un paquete de financiamiento para completar su proyecto de construcción con integridad y responsabilidad fiscal. En mi experiencia, he visto que la mayoría de las personas tienen un método preferido, y cada cual tiene sus predisposiciones, también. Tengo que admitir que llevo unas predisposiciones a causa de mi larga participación en esta área de mayordomía, proveyendo financias para la iglesia local. Tristemente, hay individuos y organizaciones en cada sector de la industria financiera que funcionan más basada en rapidez y "firmar el acuerdo" que en lo que es mejor para una congregación y su liderazgo. No es mi intento en este capítulo depreciar a un método de financiamiento para iglesias a favor a otra, o intentar a mirar la motivación que impulsa una organización o grupo industrial en particular. Si no, daré unos consejos acerca de cada alternativa disponible y dejarle seleccionar la alternativa que mejor sirve a la situación. La realidad es que no hay un financiamiento perfecto para todos, pero hay una manera que servirá mejor a los principios y actitudes de la congregación acerca de pedir préstamo y levantar fondo.

El éxito o el fracaso de dada opción de financiamiento depende en la cultura particular de la congregación. Por ejemplo, si sus miembros están acostumbrados a promesas de fe y ofrendas más allá del diezmo normal, entonces una campaña para levantar capital puede, en ciertas circunstancias, servir mejor que otra cosa. Si, de otra forma, el sujeto de ofrendas personales es raramente —o nunca— expresada, entonces para intentar una campaña para levantar capital sería una tontería. Si la congregación haya tenido una mala experiencia con, o una aversión cultural con pedir prestado y pagar intereses, entonces la idea de financiar a un programa de construcción a través de un préstamo de banco pudiera ser anatema, donde para otra congregación pudiera ser normal y la forma esperada. Es esencial para el pastor y los que le dan consejo entender la cultura particular y las expectativas de la congregación antes de pensar en proponer un plan financiero. Lo que puede ser una experiencia trascendente por una congregación pudiera sentirse como la muerte a otra.

Con eso en la mente, déjame poner un poco de luz sobre algunas opciones de financiamiento. Claramente, el tamaño de su edificio tendrá un impacto tremendo sobre el método que escoges como su plan financiero. Por ejemplo, si estás haciendo un proyecto relativamente menor como una remodelación, puede ser posible pagar por ella de su fondo general de ofrendas o una campaña específica para levantar fondos para un proyecto. Sin embargo, si el proyecto involucre una remodelación grande, o la construcción de un edificio nuevo de tamaño sustancial a la congregación, es probable que una campaña organizada de capital, o un programa de bonos, o alguna otra forma de financiación de capital será necesaria. Ya que tengas en mente el tamaño del proyecto y hayas desarrollado una percepción de la cultura de la congregación, puedes comparar las alternativas y escoger cuál de ellas sirve mejor a tus necesidades.

Aquí esta la lista básica de opciones:
- Un programa de bonos generado internamente.
- Un programa de bonos organizado a través de un proveedor, consultante o asegurador de afuera.
- Un préstamo de un banco comercial.
- Un préstamo de un recurso denominacional.
- Una campaña de fondos de capital.

Cómo encontrar el financiamiento

• Un plan de construcción de "pagar como va".

Hablando en general, estas opciones caen en tres categorías: Campañas de capital (manejada interna o exteriormente), programas de paga-como-va, y pidiendo prestado de un recurso de afuera (puede ser un banco comercial, recursos denominacionales, programa de bonos u otro mecanismo similar).

Campañas de capital

Una campaña de capital es una estrategia de levantar fondos donde una iglesia se establece un presupuesto y un fondo de construcción y entonces se levanta el dinero presupuestado durante un período de tiempo extendido: decimos tres años, por ejemplo. La filosofía detrás de una campaña de capital es que es sabio llenar la caja de guerra antes de salir a la batalla. Si empieces suficientemente temprano, y si la visión es suficientemente irresistible para motivar a la congregación a invertir en el fondo de construcción al principio, entonces las campañas de capital pueden funcionar. Desdichadamente, en mi experiencia, muchas iglesias no tienen la previsión adecuada para empezar la campaña de mayordomía suficientemente temprano. Inevitablemente, intentan a construir el edificio mientras todavía están levantando los fondos. Puedan usar un préstamo de puente o otra herramienta financiera de intermedio para pasar por el proceso, pero esta "red de seguridad" puede costar mucho. En ciertas ocasiones, el financiamiento intermedio puede ser un desastre, porque ¿qué haces si el dinero presupuestado no entra?

En campañas de mayordomía, que es cuando una iglesia paga a una compañía profesional de levantar fondos entra y averigua la habilidad de la congregación para dar, el consultante generalmente basará sus proyecciones en los archivos históricos de ofrendas y membresía de la iglesia. Entonces, por una cuota, que usualmente es seis o siete por ciento del presupuesto del fondo de construcción, más gastos de viaje e impresión, la campaña adiestrará a un "equipo de mayordomía", de la membresía de la congregación, de salir y cubrir la congregación para recibir compromisos para donar el dinero. Esta forma generalmente involucra un proceso donde un comité de dirección o un equipo de campaña de fondos es ejercitado en cómo comunicar estratégicamente con la congregación, para generar ofrendas de sacrificio a través de la oración y una campaña de compromiso. Frecuentemente, el comité de dirección es compuesto de los miembros que ya están contribuyendo de manera significativa en las finanzas, y muchas veces parte del programa es pedir a los miembros del comité a hacer compromisos sustanciales, para que cuando finalmente se acerca a la congregación, una porción de los fondos ya haya sido prometida. En muchas congregaciones, una campaña de capital es una estrategia razonable, pero debe de servir a la situación particular.

Uno de los elementos más críticos en una campaña de capital exitosa es establecer una meta apropiada. Yo personalmente no tengo problema con un promotor de campaña quien sugiere a una iglesia de buscar levantar uno y medio a dos veces de su fondo general en un período de tres años. Yo me preocupo, sin embargo, cuando la meta se estrecha a tres veces o tres y medio el valor del fondo general en el mismo periodo. Haz la matemática. Si hayas hecho la meta de levantar triple el valor de su fondo general actual en tres años, en esencia estás diciendo que vas a doblar el tamaño de la congregación en tres años o doblar la cantidad de ofrendas por persona en toda la congregación durante esa misma período. Desde mi punto de vista, una meta tan ambiciosa probablemente va a estrechar a la congregación más allá de sus capacidades y crear una desilusión y desánimo en vez de la participación y ánimo que espera crear por el proyecto.

La clave con cualquier recurso o sistema financiera es escoger cuidadosamente a sus compañeros. Hay compañías en algunos países que promueven y manejan a campañas de capital como estas. La mayoría hacen un trabajo excelente de adiestrar y dirigir un enfoque de oración que generan tanto el conocimiento y la base espiritual para una campaña exitosa.

Siempre investiga las referencias y pregunta a otros pastores quienes hayan trabajado con cierta compañía cuales fueron sus experiencias. Si la campaña de capital sirve mejor a la congregación, puede ser extremadamente exitosa, mientras la meta es puesta apropiadamente al principio, las vías de comunicación son establecidas cuidadosamente, y los miembros de su iglesia son adiestrados adecuadamente para hacer su porción del plan.

Paga-como-va

Si puedes pagar coma va en un proyecto de construcción sustancial depende en cuanto ingreso puedas generar y cuán rápido piensas que la construcción pueda proceder. Desde lo que yo he visto, sin embargo, más que nunca, proyectos de paga-como-va que normalmente tomarían como ocho a diez meses de construcción, se cambian en maratones de cinco, seis, o aún siete años.

Esfuerzos de pagar-como-va generalmente surjan de una aversión a la deuda, una inhabilidad de cualificar por el financiamiento, o un deseo de mantener los gastos muy bajos para usar la labor voluntaria. Desdichadamente, la idea de usar labor voluntaria se ve de mano con la confianza mal puesta en la habilidad de la congregación para manejar en sí un proyecto de construcción. Yo aconsejaría a cualquier pastor o líder de iglesia, antes de tomar un proyecto, de dar consideración cuidadosa a si los voluntarios tengan las capacidades necesarias.

Proyectos de este tipo empiezan rápidamente, que anima e involucra a todos, porque en los principios etapas —poniendo los cimientos y enmarcando las paredes— son relativamente rápidos y fáciles para mostrar progreso. La dificultad empieza después de que el edificio se haya construido y está encerrado, porque cualquier persona que haya trabajado en la construcción sabe que cuando ya se haya terminado la estructura del edificio, toma mucho tiempo en comparación para terminar la obra. Si lo están haciendo ustedes mismos, el proceso de terminación puede volver a todos locos. Y si no decides pagar a subcontratistas —eso es, personas quienes trabajarán en el proyecto como parte de su profesión— y sólo cuentes de voluntarios a venir a trabajar cuando puedan, el proceso se puede extender por mucho tiempo.

Típicamente, proyectos de paga-como-va empezarán con días de trabajo grandes donde todos salen un sábado para meter clavos y cortar madera y cumplen un buen principio. A los que le gusten pintar están pintando, a los que le gusten cocinar están cocinando, y a los que le gusten la carpintería están trabajando en construir varios elementos del proyecto. Pero al terminar el día, todos se vayan, ¿y quién va a venir la próxima vez? Usualmente, es el pastor y unos pocos otros individuos.

Si el pastor no está allí con polvo en sus oídos, todos empiecen a pensar: "Bueno, ¿está realmente comprometido?" Y si está allí con polvo en sus oídos, ¿cuánto tiempo es capaz de tomar para la preparación de sermones y para pastorear la vida de su iglesia? ¿Quién va a ir a visitar personas en el hospital mientras el pastor está usando el martillo? Desdichadamente, no toma mucho tiempo para crear una tensión terrible dentro de la congregación entre las prioridades del edificio y las prioridades del ministerio. Esto es especialmente verdad si el tiempo empieza a extenderse y la gente empieza a desanimarse. Los primeros candidatos para el desánimo son el pastor, su esposa e hijos, y cualquier otra persona que está participando activamente diaria o semanalmente. La frase típica que he oído de pastores quienes han construido usando paga-como-va fórmula es: "Construimos nuestra iglesia a través de labor voluntaria, y yo fui el voluntario". No es que un programa de paga-como-va no puede funcionar. Pero puede ser muy difícil y depende en gran parte en el tamaño del proyecto, el profesionalismo de los obreros, y el compromiso de la congregación. La calidad de la construcción es otra gran cuestión cuando paga-como-va, porque la labor voluntaria no es necesariamente labor calificada e hábil. Cada vez que oigo a un pastor decir: "Nosotros compraremos los materiales y nuestros hombres pueden poner las cosas" yo siento una inquietud en mi estomago. Todos hemos visto edificios con muros que no son rectos y junturas que son similares. Se parece obvio para mi decir que no debe de enviar novatos a hacer la plomería o sacar alambres, pero, créeme, ha sido intentado.

Usando labor voluntaria puede funcionar si tiene un supervisor calificado quien pueda instruir a obreros y manejar el proceso, pero necesita ser un comunicador capaz además de ser un obrero hábil. Pero si el mejor trabajador se gasta más tiempo en adiestrar a otros trabajadores de lo que tomaría para hacer el trabajo el mismo, está malgastando mucho tiempo sin beneficio.

Otra palabra de consejo: asegúrate de que tengas cobertura de seguro suficiente para cada obrero voluntario. En la probabilidad pequeño de que alguien se daña, puedas tener muchos problemas si no tienes seguro. Si decides usar labor voluntaria, debes tener compensación de trabajadores funcionando, porque un plan estándar de seguro médico tal vez no cubriría la herida de trabajo. Y si el plan de seguro médico del individuo no le va a cubrir, la iglesia puede ser responsable para su atención médica y posiblemente por su incapacidad a largo plazo. Solamente tendría que ser una herida seria para destruir cualquier ahorro de costo que pudiera ganar al hacerlo de paga-como-va.

¿Significa necesariamente que el programa de paga-como-va solamente puede usar labor voluntaria? Ciertamente tendrás que pagar a un subcontratista en el camino, quien va a ser pagada por oferta, pero es probable que no va a contratar todo el trabajo, porque ningún contratista tomaría un trabajo donde el cliente le llame el lunes y le diga: "Le necesitamos esta semana, tuvimos una ofrenda buena. Pero la próxima semana no le vamos a necesitar porque vamos a estar un poco corto con los fondos para mantener este proyecto moviéndose adelante". Una contratista no va a llamar el lunes por la mañana y preguntar: "¿Cómo fue la ofrenda ayer? ¿Debo irme a trabajar, o no?" El programar, obviamente, es una parte clave de la ganancia de un contratista efectivo.

Bajo un enfoque de paga-como-va, probablemente llamarías a un electricista o un plomero para una parte específica del trabajo, pero programarlos muchas veces es un reto, porque ciertas funciones deben ser completados antes de que otras partes del trabajo puedan empezar. Por ejemplo, todos los alambres tienen que estar puestos en los muros antes de poner la tabla roca. Por supuesto, primero tienes que tener el dinero y la labor para instalar los alambres. Todo se depende en otra cosa. Vamos a decir que para poder hacer el proyecto de paga-como-va, tú tendrás que programarlo para que ciertos individuos en la iglesia arreglen los alambres antes de que venga el subcontratista? Si el subcontratista llega con todo su equipo, él va a tomar una mirada al edificio y dirá: "No está listo", y se irá del lugar. Pregúntate a ti mismo, ¿qué tan fácil va a ser contratar esa subcontratista otra vez? Mientras tienes el material de tabla roca puesta afuera y si empiece a llover, los problemas empiecen a sumarse.

Estas cosas puedan ser insignificativas individualmente, pero cuando se van acumulando, puedan ser monumentales. Programar puede ser un asunto muy costoso en un proyecto de construcción. Una de las razones por la cual pagamos a contratistas profesionales de construcción es porque la agenda es una función "añade valor", y parte de la pericia de una contratista es hacer las cosas buenas y a tiempo.

Otra manera en que los retrasos puedan subir el costo de la construcción es si el subcontratista se ocupa en otros trabajos mientras esté esperándote para poner todo en orden. ¿Qué pasa con los precios cuando la demanda se sube? De repente, el precio sobre la cual basaste el presupuesto ya no es válido. Cuando llamas a su subcontratista, él te dice: "Bueno, estamos muy ocupado ahora y yo ya no puedo hacer el trabajo por ese precio porque yo tendría que quitar mis hombres de otro trabajo". Demasiadas iglesias han tenido proyectos de paga-como-va que se resultaron en un desastre a causa de razones como estas. Es difícil mantener viva la visión, pero intenta hacerlo cuando el proceso de construcción se tarda de tres a cinco años en vez de ocho a diez meses. ¿Y cuántos cambios se hacen al plan durante el proceso? ¿Se afectan el fluir del tráfico en el edificio? ¿Afectan los códigos de incendio y otros asuntos que puedan llegar a ser obstáculos cuando finalmente estés intentando a obtener el permiso de ocupación? Hay algo que decir por el ímpetu, el fluir, y el progreso de un proyecto de construcción.

Desde mi punto de vista, paga-como-va solamente tiene sentido si el proyecto sea relativamente pequeño y puedas terminarlo rápidamente con labor voluntaria y tal vez uno o dos subcontratistas. Si el proyecto sea más complicado que eso, la sabiduría te diría que debes de encontrar otra manera para hacerlo. De otra forma, yo creo que vas a terminar agotando a la congregación y demorando el proyecto. Y, honestamente, yo no estoy seguro que vas a terminar ahorrando lo que piensas, porque problemas con programar usualmente hacen subir el precio.

Pide prestado de fuentes de afuera

El argumento para pedir prestado, entre otras cosas, es uno de rapidez y conveniencia. Hablando generalmente, puedes hacer que el proyecto se mueve más rápido cuando pides prestado los recursos necesarios. Si también lo puedas pagar, entonces tiene sentido desde ese punto de vista también, dependiendo de cómo cabe en la filosofía de la deuda.

Si decides pedir prestado, los bancos comerciales ciertamente son una opción viable. De hecho, son los proveedores más grandes de financiamiento de capital para las iglesias. Fuentes denominacionales, por su parte, usualmente son un poco más flexibles y frecuentemente son más económicos con relación a costos de clausura y en cuotas. Yo digo que "usualmente" es así, porque no es la verdad en todas las circunstancias. Cada prestador tendrá reglas específicas para determinar cuanto pueda pedir prestado. Estos incluirán proporciones entre valor de préstamo y valor de seguridad, un porcentaje de los ingresos regulares que puedan ser usadas para pagar la deuda, y otros asuntos de seguros. Hablando generalmente, la mayoría de los prestadores prestarán de entre 50 por ciento a 80 por ciento del valor de la propiedad y edificio terminado. Muchas veces, permitirán entre 25 y 33 por ciento del fondo general de la iglesia para ser usado para pagar la deuda. Usando estos dos factores, uno puede calcular con cierto confianza las limitaciones de préstamos que la iglesia pueda enfrentar.

Debe de ser notado que prestamistas a iglesias de bonos, quienes pueden ir tan alto como 80 por ciento en sus valores de préstamo a valor, tal vez estarán todavía en la clase de 25 a 30 por ciento con respecto a los ingresos generales, porque primariamente son prestamistas de ingresos de efectivo. Cada prestamista va a mirar a la historia de los ingresos y gastos de la iglesia, para determinar si las operaciones generales de la iglesia apoyarían el nivel proyectado de obligación financiera. Prestamistas de ingresos de efectivo, como muchos aseguradores de bonos, suelan gastar mucho tiempo mirando a la composición de sus ingresos de fondo general para establecer si han sido una fuente confiable.

La mayoría de los prestamistas se preocupan con el presupuesto de la iglesia y si hay ingresos suficientes para apoyar el repago del préstamo. Por lo general, van a querer que el ministerio general de la iglesia pueda continuar sin estorbos y que la iglesia no llegue a ser simplemente una organización que existe para pagar la deuda.

Cómo encontrar el financiamiento

Bancos comerciales

En la mayoría de las situaciones, pedir prestado de un banco comercial es una transacción muy directa, muy semejante a pedir prestado por una hipoteca de casa. Debe de ser notado, sin embargo, que los términos y condiciones de financiar a un edificio de iglesia son substancialmente diferentes que un préstamo residencial. Ya cuando hayas hablado con el banco acerca de un préstamo para iglesia, estás hablando de una transacción comercial, que va a tener una estructura distinta de tarifas de interés que un préstamo típico de casa. Sea consciente de que la iglesia no va a poder obtener un préstamo de treinta años con tarifas fijas como pudiera esperar con un préstamo de casa. Sino es mucho más probable que el interés va a ser ajustada periódicamente dentro del término del préstamo, y va a tener un programa de amortización de 15 o 20 años, pero con un pago grande que se va a deber en siete o diez años. Términos como estos son más o menos estándares en financiamiento de capital comercial.

Otro elemento regular de financiamiento comercial son las "garantías personales", los cuales yo recomiendo evitar a todo costo. No es raro para un banco pedirle a una iglesia a que algunos de sus miembros firmen la nota como garantizadores adicionales en una base de junto-y-varios. Lo que esto significa legalmente es que cada garantizador es responsable para toda la cantidad del préstamo si la iglesia no pueda pagar. Las garantías son malas por varias razones.

Si lo piensas por un minuto, no cabe duda de que solamente los miembros que son comprometidos fuertemente a la iglesia pensarían en hacer una garantía como esa. Pero, ya que hayan puesto sus propios índices de crédito a riesgo en la forma de la garantía, sus relaciones a la iglesia se cambian. Emocionalmente, podrán sentirse que ya son parte del liderazgo de la iglesia, aunque todavía no son parte de su consejo directivo. Las garantías personales cambian inevitablemente la relación entre el pastor y el garantizador y puede producir dinámicos interpersonales muy interesantes y difíciles.

Otro factor que debe de ser entendido con las garantías personales es que el banco se va a archivar la garantía, haciéndolo un asunto del público. Esto significa que la próxima vez que un reporte de crédito es dado para los individuos quienes firmaron la garantía, se va a mostrar que son garantizadores de no solamente una porción del préstamo de la iglesia, sino de todo el préstamo. Esto realmente sucedió. Un miembro de una iglesia de la cual yo oí tenía un valor neto de un poco más de un millón de dólares, incluyendo su casa y unas pocas inversiones. Él firmó una garantía de juntos-y-varios de $500.000 para su iglesia y no pensó más en ella. Más tarde ese mismo año, cuando se salió para comprar un coche casi nuevo para que su hija lo usara en la universidad, le rechazaron para el préstamo porque su reporte de crédito mostró una obligación de $500.000 en una garantía de juntos-y-varios. Con razón estaba muy molesto y regresó para expresar sus preocupaciones al pastor. El punto del grano de la historia es que si le pidan firmar una garantía personal para la iglesia, primeramente considera todas las ramificaciones y camina adelante con sus ojos abiertos. Mi consejo, sin embargo, para lideres en la iglesia y a individuos, es de evitar las garantías personales cuando sea posible.

Fuentes denominacionales

Muchas denominaciones y organizaciones de compañerismo dentro de sus rangos hacen préstamos a iglesias y ministerios para el mejoramiento de capital. Muchas veces estas entidades son una combinación de préstamos e inversiones, donde miembros y amigos de la denominación pueden invertir fondos de reserva o ahorros de retiro, los cuales en turno son prestados a iglesias y ministerios. Mi compañía, Plan de Extensión de Iglesia, es este tipo de organización, que provee oportunidades conservativas de inversión para miembros y amigos de las Asambleas de Dios, y presta fondos para construcción y el mejoramiento de edificios de iglesia para congregaciones de las Asambleas de Dios.

Recursos denominacionales muchas veces son más flexibles que compañías comerciales, porque las conexiones del prestamista de compañerismo y ministerio a las iglesias y ministerios que requieren la asistencia financiera. Frecuentemente, sus tarifas son las mismas o más bajas que los recursos comerciales, y sus cuotas son muchas veces más bajas que lo que un banco comercial u otro recurso cobraría. Algunos recursos denominacionales operan de una manera similar a prestamistas comerciales, pero con un enfoque más enfocado en el ministerio. Esta es una diferencia grande de la posición de la mayoría de los prestamistas comerciales. Sin embargo, es importante que aún los recursos denominacionales tienen —y deben de tener— estándares claras para asegurar el préstamo. No importa la fuente de los fondos, tarifas, porcentajes, términos y condiciones son todas partes de la empresa y deben ser anticipados.

Programas de bonos

En comparación a los métodos más tradicionales de pedir prestado, programas de bonos pueden ser más costosos con relación a cuotas relacionadas, y pueden ser relativamente complejos para establecer, pero muchas iglesias creen que un programa de bonos les da más control y flexibilidad que pudieran tener con un préstamo de banco tradicional o financiamiento con un recurso denominacional.

Hay varias maneras por la cual una iglesia puede repartir un bono. Una manera sería de pagar a un abogado, quien desarrollaría una oferta de bonos usando las formas y procesos aprobadas por la agencia de regulación de seguridades de su estado. Más que nunca, sin embargo, una iglesia buscará el consejo y asistencia de un consultante profesional de bonos o un asegurador.

Cómo construir y financiar su templo

Los bonos de construcción caen en cuatro categorías, dependiendo en como son asegurados o costeados y como son protegidos. Las dos maneras por las cuales un bono puede ser costeado son llamadas "asegurado firmemente" o "mejores esfuerzos".

Con la aseguranza firme, la organización bancaria de inversiones que se está desarrollando el bono se comprometerá hacer disponible un cierto cantidad de dinero en cierta fecha para pagar por las necesidades de construcción de la iglesia. El asegurador entonces se vende los bonos, o dentro de la congregación que está repartiendo el bono, o a través de otros mercados en el país. La clave aquí es que el asegurador se lleva la responsabilidad completa de vender los bonos y se promete a la iglesia que los fondos serán disponibles en una fecha en particular.

Con un programa de mejor esfuerzos, los aseguradores utilizan sus "mejores esfuerzos" para vender todo el paquete de bonos a miembros y amigos de la iglesia que está buscando el financiamiento. Mientras individuos compran partes del bono, sus fondos son depositados en una cuenta de fideicomiso hasta que todo el bono ha sido vendido. Si el programa no se vende completamente dentro de la congregación, los aseguradores tienen uno de dos opciones: pueden regresar los fondos comprometidos a los inversores originales y cerrar el programa, o pueden vender los bonos en otros mercados para completar la financiamiento.

Como se espera, programas de aseguranza firme y mejor esfuerzos tienen estructuras de cuotas distintas y estándares de calificación diferentes, y sus propios ventajas y desventajas. Programas de aseguranza firme son muchas veces más costosos que mejor esfuerzo, porque el asegurador se ha tomado más riesgo, pero si la iglesia se califica, obtendrá los fondos más rápido y una garantía de vender los bonos en cambio por esas cuotas más altas. Realmente, un asegurador "firme" está certificando que en cierta fecha específica se va a depositar la cantidad completa de su oferta de bono en su cuenta. Se venderán los bonos dentro de la congregación, si uno se aprueba eso, y en otros mercados, como es necesario. A cambio, un programa de mejor esfuerzos sería un poco menos costoso, pero hay una posibilidad de que los bonos no se venderán dentro de su congregación. Por lo general, cuotas adicionales serán hechas si el asegurador tiene que vender en otros sectores del mercado, o el programa de bonos será considerado no pagado y la cantidad ya invertida será devuelta, en tal caso que la iglesia tendrá que empezar de nuevo con opciones diferentes de financiamiento.

Bonos también pueden ser diferentes en cómo son asegurados, a través de hipoteca u obligación. Un bono de hipoteca donde los bienes raíces son prometidos como garantía para la ofrenda de bonos, para que los individuos quienes compran partes del bono tengan última seguridad en el valor de la propiedad de la iglesia. Un bono de obligación, de otra mano, es técnicamente un bono no asegurado, que es dada basada en los ingresos o el crédito de la congregación y no en el valor de los bienes raíces. Estructuras de tarifas son diferentes basadas en las condiciones actuales del mercado cuando se entrega el bono.

Cubre el "punto de cambio"

Todos los programas de financiamiento de capital que he descrito se compartan un potencial común de dificultad —un lugar la cual yo le llamo el "punto de cambio—, donde muchas iglesias calculan malamente sus requisitos de efectivo. El punto de cambio es ese período de tiempo cuando está empezando a hacer los pagos para el dinero que pediste de prestado para empezar su proyecto de construcción, pero todavía está rentando o haciendo pagos en su edificio original. Aún presumiendo que hayas puesto un plan de financiación progresivo, donde solamente se pide prestado los fondos en incrementos adicionales como los necesitas durante la construcción de nueve o diez meses, la obligación pendiente y el pago correspondiente empezará a remontarse cuando el edificio llega cerca de la terminación. Si no hayas planeado por el pago doble (el préstamo nuevo y la renta original), te puede encontrar en una crisis de ingresos. Mi consejo es de siempre intentar a tomar dinero para nueve o diez pagos para generar un fondo de reserva del sobrante del fondo general o cualesquiera regalos al fondo de construcción, para que puedas cubrir el punto de cambio de las reservas de efectivo en vez de intentar a manejar dos pagos del presupuesto de operación.

Si la iglesia no tiene suficientes ingresos para cubrir el punto de cambio, pueda que necesitas negociar con el prestamista para demorar los pagos y ponerlos en la hipoteca, en realidad, amortizando negativamente por un período corto de tiempo. Ciertamente, eso no es la mejor circunstancia, porque puede ser más costoso en términos de gastos de interés, pero es una forma de pasar el tope. Si amortices negativamente en el principio del préstamo, yo sugiero fuertemente que intentes a acelerar los pagos para un período de tiempo fijo temprano en la vida de la hipoteca para que no tengas que pagar demasiado interés al extender el plazo del préstamo más allá de lo que planearon originalmente.

Porque el determinar el mejor tipo de financiamiento para la iglesia depende tan fuertemente en unas circunstancias específicas, intentando hacer más que un resumen general de las varias alternativas crecería rápidamente más allá del enfoque de este libro. La clave a una experiencia exitosa, sin embargo, es lo mismo para cada congregación: haz tu tarea, investiga y compara las opciones, y cubre todo el proceso en oración antes de ponerte de acuerdo en un curso de acción. Asegúrate de que la opción de financiamiento se mezcla bien con la cultura de su iglesia y su entendimiento de la mayordomía financiera.

CAPÍTULO 6

CÓMO ESTABLECER EL COMITÉ DE CONSTRUCCIÓN

Temprano en el proceso de planificación, debes seleccionar un comité de construcción —un grupo de miembros dignos de confianza, que son comprometidos y activos, quienes representan los ministerios de la iglesia— quienes ayudarán al pastor y al consejo a dirigir el proceso de construcción. Los miembros del comité de construcción probablemente serán tomados de otros grupos que existen en la iglesia, incluyendo a personas quienes ya han asistido en la formación de la visión de la iglesia, planificación de ministerio y la implementación. Muchas veces serán voluntarios claves quienes dirigen áreas de ministerio dentro de la iglesia y, entonces, tengan conocimiento específico de las necesidades de cada área.

Sugiero que limites el comité más importante a no más de cinco o seis personas, y que cada miembro represente subcomités más grandes organizados por necesidades específicas de ministerio. En una iglesia de tamaño regular, el comité esencial probablemente sería compuesto del pastor, el presidente del consejo directivo, presidente del subcomité de comunicaciones, presidente del subcomité de finanzas, presidente del subcomité de construcción, presidente del subcomité de ministerio, y presidente del subcomité de oración.

Si quieres que los planes de construcción reflejen verazmente a las necesidades, deseos, y sueños de la congregación, es importante que el comité de construcción incluya un representante de cada grupo de ministerio clave dentro de la iglesia.

En otras palabras, no quieres diseñar el espacio para salones de clase sin primero obtener información de los líderes de su escuela dominical, o espacio para cuidar niños sin la participación de su coordinador de los niños. El mismo principio se aplica en todo caso. Lo más representativo que es su comité de todos los rangos de ministerios en la iglesia, lo más balanceado y comprensivo va a ser el plan de construcción y lo más fácil va a ser construir un consenso dentro de la congregación.

El pastor puede servir como el enlace clave para el personal de la iglesia, pero debe evitar siendo el presidente del comité si es posible. Debe intentar a quedarse "arriba de los detalles", listo para hablar acerca de la visión, asuntos espirituales, y la resolución de conflictos, sin involucrarse demasiado en los detalles que puedan distraer de sus responsabilidades de pastorear y enseñar.

El presidente del comité puede servir como el enlace clave al resto de la junta directiva, pero él también debe evitar siendo el presidente del comité de construcción a menos que otro líder no tome la posición.

Responsabilidades del comité de construcción

Inicialmente, el trabajo del comité de construcción es revisar el plan de ministerio, determinar un programa apropiado y establecer linderos en el esfuerzo del plan maestro. Ellos estarán muy involucrados en entrevistar arquitectos y contratistas y harán recomendaciones a la junta directiva o congregación para su consideración. El grupo central también mantendrá una mirada fija sobre el presupuesto. Mientras el plan de construcción empiece a tomar forma, el comité es responsable para mantener la consistencia y conformidad a las declaraciones de misión y visión de la iglesia. En cada etapa del proceso, miembros del comité serán responsables para establecer un consenso dentro de la congregación y a ayudar al pastor a comunicar el plan efectivamente.

Cómo establecer el comité de construcción

Los miembros del comité de construcción también vigilarán los subcomités que se enfocarán en áreas específicas de ministerio o aspectos especializados del proceso de construcción. El número y rango de los subcomités se variará, basado en el tamaño de la iglesia, pero a mínimo, vas a querer crear grupos para enfocarse en las siguientes áreas:

Oración: Reúne un equipo de intercesores comprometidos para orar por cada paso del proceso. El presidente del comité de oración será responsable para comunicar asuntos claves y preocupaciones al grupo, quienes pueden orar constante, específica e intencionalmente durante todo el proyecto. Desde mi punto de vista, es esencial que este grupo sea dado representación específica en el comité de construcción para que sea claro a todos que la oración es un parte íntegro del plan y no una idea adicional. De acuerdo con esto, este grupo debe de ser activo desde el principio.

Finanzas: Una de las primeras responsabilidades del comité de construcción es establecer un presupuesto. Lo más preciso que puedes ser en tu comunicación con el arquitecto, planeador, y contratista, los mejores que son las probabilidades para terminar con el edificio que quieras a un precio que puedas pagar. Sin buena información financiera y supervisión, realmente estás tirando a la oscuridad, y puedes gastar mucho dinero haciendo y rehaciendo elementos del plan de construcción que solamente deben de ser hechos una vez.

El subcomité de finanzas será responsable para asistir al personal y la junta directiva con las evaluaciones y ejecución del plan financiero del proyecto, incluyendo una selección de opciones de financiamiento, la evaluación de presupuestos y ofertas, y más. Obviamente, la persona que es seleccionada como presidente de este comité debe poseer las habilidades necesarias y pericia financiera para proveer liderazgo y consejo sabio.

Ministerio: El subcomité de ministerio se lleva la responsabilidad para colaborar con el personal y voluntarios clave de la congregación para articular claramente los ministerios de la iglesia de tal manera que el arquitecto pueda desarrollar planes de espacio. Cada ministerio clave dentro de la iglesia debe tener representación en este subcomité importante.

Comunicación: Este grupo es absolutamente esencial para diseminar información importante al resto de la congregación en un espacio de tiempo razonable. El subcomité de comunicación asegurará que la congregación y otros constituyentes de la iglesia se mantengan informados del progreso del proyecto. Este subcomité es un lugar bueno para líderes claves de opinión, escritores, y artistas para participar en el proyecto de construcción. Puede incluir miembros quienes fueron instrumentales en desarrollar y comunicar las declaraciones de misión y visión, porque el proyecto de construcción es una extensión de la visión en general. Por su puesto, la comunicación de la visión general debe ser completada mucho tiempo antes de que un nuevo edificio se tome forma, pero el proceso de comunicación se extiende a través de todo el proceso hasta la dedicación del nuevo edificio.

Construcción: Este subcomité debe incluir uno o más expertos con experiencia en las empresas de construcción, quien puede supervisar el proceso de construcción para asegurar que todo está moviendo adelante de acuerdo con el plan. Si no tienes ninguna contratista calificada dentro de la congregación, es un buen consejo pagar a otra persona neutral quien pueda venir al sitio de trabajo para evaluar el progreso y reportar al subcomité. Asegúrate de que las contratistas quienes seleccionas para la supervisión no tengan un conflicto de interés (o un problema) con la contratista asalariada para hacer la construcción.

El subcomité de construcción debe ser compuesto de un grupo pequeño de individuos con experiencia específica en construcción, quienes puedan trabajar con el comité de construcción para evaluar el progreso del proyecto. Sus contribuciones claves se incluirán evaluar planes y ofertas y

Cómo establecer el comité de construcción

supervisar la implementación de la construcción. El presidente de este comité debe ser responsable para ir periódicamente a ver físicamente el proyecto y reportar el progreso al comité de construcción.

Responsabilidades de los subcomités

El propósito principal de los subcomités es investigación y desarrollo. Cada subcomité tendrá su área específica de enfoque. Su trabajo es generar ideas; averiguar que es disponible, lo que funciona y lo que no funciona; investigar varias opciones y costos; y empezar a minimizar una lista de necesidades, deseos y sueños para su área de interés. Deben salir a visitar a otras iglesias y hablar con otras personas para obtener ideas para las cosas que quieran recomendar al comité de construcción.

Los subcomités son una manera excelente de ensanchar la participación de la congregación, atraer a individuos con talentos, y enfocarse en las necesidades de ministerios específicos, sin sobrecargar el comité principal de planificación con demasiadas voces. Solamente el presidente de cada subcomité sería un miembro del comité principal de construcción.

El número y tamaño de los subcomités dependen del tamaño de la iglesia y del proyecto. En una iglesia más pequeña, estos subcomités van a ser pequeños, y el comité principal de construcción sería de pocas personas. Todo será de acuerdo al tamaño. Dependiendo del tamaño de la iglesia, la lista de subcomités puede incluir algunos o todos los siguientes:

- Educación cristiana / escuela dominical
- Jóvenes (secundaria, preparatoria y universidad)
- Cuarto de niños / bebés / cuidado de niños
- Selección de sitio
- Diseño interior / muebles / decoración
- Música / adoración
- Santuario
- Luz y sonido

Cómo construir y financiar su templo

- Drama
- Arquitectura paisajista
- Estacionamiento para automóviles
- Escuela cristiana
- Cuidado de ancianos
- Bodega de comida / alcance a los pobres
- Servicio de comida / cocina / espacio para convivencia
- Mantenimiento del edificio
- Personal de oficina y administración
- Ministerios de consejería
- Deportes y recreo

Una vez que el comité de construcción y los subcomités hayan sido seleccionados, no demora en ponerles a trabajar. Hecho bueno, el trabajo se va a tomar una cantidad significante de tiempo. Por ejemplo, el subcomité de música tal vez querrá empezar al definir la personalidad musical de la iglesia. ¿Es orquestal? ¿Música de coro? ¿Programas de música? ¿Se acompaña a la música un piano y órgano, un solo guitarrista, o una banda completa? ¿Cuáles son los requisitos acústicos para el santuario para su estilo de adoración? Miembros del subcomité podrán visitar un número de iglesias de tamaño comparable en el área para ver cómo acomoden sus músicos y coros, cómo alberguen sus instrumentos para que no sean robadas o dañadas, que han aprendido de acústicos y sistemas de sonido, cualquier lista de preguntas que el subcomité pueda hacer para estudiar cada aspecto de música en la iglesia. Mientras, en todos los otros subcomités estarán haciendo estudios similares en sus áreas de enfoque.

Cuando los informes regresen de los varios subcomités, el comité de construcción revisará a las opciones sugeridas, ver a las necesidades de la iglesia, y establecer una lista de prioridades. El resulto final va a ser una lista de centenares de ideas, probablemente un tercio de los cuales podrás pagar, pero por lo menos puedas empezar a calificarlas en cierto nivel de prioridad.

Cómo establecer el comité de construcción

Estas prioridades se derraman en el plan maestro, para que cuando se vaya al arquitecto, puedes decirle: "Nos enfocamos mucho en la música en esta iglesia, y estos son los tipos de diseño que necesitamos. También tenemos un ministerio para niños y bebés que están creciendo mucho, y aquí es donde necesitamos acomodar a estas personas". La más específica la información que puedas proveer al arquitecto, lo más fácil va a ser para él hacer los planes para cumplir con las necesidades.

En nuestra iglesia en California, la lista de "necesidades obligatorias" de nuestro comité de niños incluyó lo siguiente:
• Mínimo requisitos de metros cuadrados
• Lugar cerca al santuario
• Capacidad de comunicación con el santuario
• Superficies que son fáciles para mantener limpios
• Una pila para lavar las manos
• Una provisión para limpiar accidentes

Terminamos no pudiendo hacer todo lo que el subcomité quiso en términos del diseño, pero teníamos todos los requisitos (necesidades) esenciales y muchos de sus deseos y sueños.

Tráelo todo junto

Después de que cada subcomité haya sometido su estudio y haya hecho su presentación, el comité de construcción debe hacer el duro trabajo de organizar todas las necesidades, deseos, y sueños en una lista maestra de prioridades, pero siempre con un ojo hacia balanceando la visión con el presupuesto, y manteniendo el ministerio en general de la iglesia en perspectiva. Cataloga las prioridades en un orden que desciende, con el entendimiento de que, aunque cada asunto es importante, algunos son más importantes que otros, y algunos de las cosas de prioridad más baja pueden ser quitadas de la lista mientras avance.

La lista de prioridades comprensiva entonces llega a ser una parte esencial del documento de comunicación que el comité de construcción dará al arquitecto o planeador. Trabajar con toda esta información no es fácil, pero es absolutamente esencial si quieres terminar con el mejor edificio al mejor precio. Donde se pone difícil es cuando el arquitecto regresa y dice: "Basado en el presupuesto que me diste, no puedes pagar por lo que hayas propuesto hacer. Ni podemos satisfacer los requisitos mínimos, menos tus deseos y sueños". ¿Ahora qué vas a hacer?

Si el plan inicial es demasiado ambicioso, el primer paso de corrección es averiguar que tan arriba del presupuesto es el plan. ¿Puedes obtener la diferencia levantando más fondos? Tal vez necesitarás disminuir el proyecto, dividirlo en fases, hacer algunos espacios más pequeños o más eficiente o eliminar algunas cosas completamente. Estas son algunas de las decisiones que el comité de construcción tal vez tenga que hacer en colaboración con el arquitecto. El lugar más difícil es cuando ni puedes pagar por las expectativas mínimas, y realmente necesitas disminuir el proyecto. Puede significar regresar a los subcomités, pedirlos revisar las recomendaciones y decidir cuáles cosas pueden ser quitadas del plan para mantenerse en el presupuesto. Generalmente la respuesta es: "Nada. No podemos quitar nada".

"Bueno, pero si tienes que quitar algo, ¿qué va a ser?"

Aún si el arquitecto regresa con las buenas noticias de que la mayoría de los deseos y sueños se pueden pagar, el comité va a querer revisar las cosas que fueron quitadas para ver si algunos cambios al último momento sean necesarios para mantener a todos felices.

El documento de comunicación

Cuando todo el trabajo preliminar del comité de construcción haya sido completado, es tiempo de publicar un documento de comunicación para expresar información esencial al arquitecto o planeador en una forma sencilla y fácil para leer. Por lo menos, este documento debe incluir la siguiente información:

- Presupuesto

Cómo establecer el comité de construcción

- Lista maestra de prioridades (necesidades, deseos y sueños)
- Información del sitio (si lo sabe ya), incluyendo el tamaño del terreno, información sobre acceso, mapa topográfica y un informe de la composición de la tierra.

Este documento llega a ser la herramienta primaria para transmitir toda la información necesaria al planeador o arquitecto para que él o ella pueda empezar a diseñar su edificio.

Además, ya que tengas el informe del comité de planificación, junto con una mirada fuerte de su capacidad financiera, es tiempo para comunicar con la membresía de la iglesia. Últimamente, vas a necesitar la dirección de la iglesia para acción en remodelación, la reubicación, en adquirir propiedades, o el permiso para seguir adelante con un plan maestro, dependiendo en cual fase del desarrollo esté. Para poder votar apropiadamente en los planes futuros de la iglesia, la congregación necesita ser informada completamente.

CAPÍTULO 7
EL PLAN MAESTRO

Cuando el proceso de crear la visión haya sido completado, y el comité de construcción haya hecho su trabajo en identificar las necesidades, deseos, y sueños para espacios e instalaciones para el ministerio, puedes mirar a la estructura física actual y determinar si va a ser suficiente. Depende de cuán ambiciosa sea la declaración de visión, vas a tener una buen idea si será necesario construir otro edificio, añadir al edificio actual, simplemente remodelar o renovar el espacio actual.

Si se requiere alguna forma de expansión, ahora sería un buen tiempo para pagar a un planeador maestro para hablar acerca de la visión y empezar a diseñar cuantos metros cuadrados se necesitará y como puede caber dentro de sus instalaciones actuales. Si tienes espacio suficiente en la propiedad actual para los nuevos edificios y cualquier estacionamiento adicional que pueda ser requerido, el planeador puede desarrollar algunos diseños esquemáticos de cómo se vería el edificio engrandecido, cómo serían posicionados los edificios en el terreno, y cómo puedan ser integrados en el edificio actual.

El plano o diseño maestro es una parte vital del proceso de construcción en general, aun si solamente estés añadiendo a la estructura actual. Sería de mucha ayuda tener un plan de largo plazo que puede proyectar las necesidades cinco o diez años en el futuro y determinar cuáles cosas puedan o no puedan ser cumplidas en el sitio presente. Si resulta necesario reubicarse, el planeador puede ayudar a determinar cuánta propiedad

Cómo construir y financiar su templo

tendrás que adquirir para poder cumplir con los objetivos descritos en la declaración de visión. Aun si no tengas planeado mudarte pronto, nunca es demasiado temprano para investigar en el barrio o comunidad para un local propio. El tamaño de propiedad que necesitas pueda controlar donde puedas buscar, y lo más temprano que empieces el proceso de búsqueda, lo más tiempo que vas a tener para trabajar con asuntos de zonas, contingencias o demoras. Hablaremos más acerca de cómo seleccionar un sitio después, pero para ahora es suficiente decir que nunca es demasiado temprano para empezar la búsqueda.

Cómo saber cuando es tiempo de edificar

¿Qué tan temprano debes empezar a pensar en la construcción? Depende de la magnitud del proyecto, por supuesto, pero por lo general es sabio empezar a considerar el futuro. Yo no puedo imaginarme pastoreando una iglesia donde no estaría intentando a identificar puntos cruciales que nos dijeran que es tiempo de edificar. ¿Va a ser la asistencia los domingos en la mañana, excesos en las clases de niños o el estacionamiento donde estamos presionando los bordes? Y entonces, ¿qué vamos a necesitar? ¿Cuáles necesidades en el cuerpo o en la comunidad vamos a tener que satisfacer primero? Creo que cada pastor debe estar pensando en esos tipos de asuntos.

En un mundo perfecto, planearíamos nuestro trabajo cuidadosamente, implementar nuestros planes deliberadamente, y todo se movería adelante con fluidez. En el mundo real, sin embargo, usualmente se necesita una circunstancia para motivarnos —una oportunidad o atracción al lado positivo, dolor o presión al lado negativo— para estimularnos a la acción. El mismo principio se aplica a la construcción de iglesia. Aún si tenemos una declaración de visión bien articulada, muchas veces se requiere un golpe para movernos adelante. ¿Estás siendo empujado hacia la conclusión inevitable de que se necesita más espacio por una clase de niños que se está explotando, problemas

El plan maestro

de tráfico en el estacionamiento, el prospecto de añadir un tercer culto (todos buenos problemas, me supongo, si tiene que tener un problema) o estás siendo atraído adelante por una búsqueda apasionada de la visión de Dios para la iglesia? Si la visión se mira hacia delante, tiene energía, y es ambiciosa, entonces realmente vas a empujar la decisión. Puedes mirar adelante y decir: "Si el Señor nos bendiga y nos mantengamos en la dirección correcta, en tal fecha debemos estar en un cierto nivel de asistencia, en un cierto nivel en la escuela dominical, un cierto nivel de participación en grupos de células" o lo que sean los puntos cruciales.

Hablando generalmente, sabes que es tiempo de edificar cuando es doloroso no hacerlo. Que tan rápido se mueva un proyecto es inverso proporcional a la cantidad de dolor que se siente la congregación. Si estás desesperado, si los vecinos están amenazándote con remolcar vehículos, o el gerente de bomberos te haya dado una advertencia, el proceso puede acelerarse rápidamente. Si la presión sea creada por líderes con la vista puesta por delante quienes se dan cuenta, "si no empezamos en este proyecto, al tiempo que llegamos a nuestro punto crucial, vamos a ser atrapados por nuestro edificio" el proyecto de construcción puede adelantarse a una velocidad más intencional y deliberada.

Compromete a un planeador maestro

Cuando llegas a uno de estos puntos cruciales, ¿estarás listo para moverte adelante? Lo serás si ya hayas hecho un poco de planificación. Si sabes que tendrás que expandirte o reubicarte, probablemente tiene sentido pagar a un arquitecto para sentarse y revisar la visión y hacer un plano maestro. Basado en la declaración de visión, debes poder decirle al planeador: "Esto es lo que absolutamente vamos a necesitar; aquí están unas cosas que queremos tener; y aquí están algunos de nuestros 'sueños' que nos encantaría tener si hay dinero suficiente". Haz que el arquitecto trabaje de arriba hacia abajo hasta que se pega con el límite del presupuesto. Así recibirás lo máximo de lo que puedas pagar. Al obtener un plan que se cumpla con las necesidades y utiliza al máximo el presupuesto justifica la decisión de gastar el dinero hoy para un plan que tal vez no incluya la construcción del nuevo edificio hasta dentro de tres, cuatro o cinco años. El plano o dibujo puede ser cambiado y quizás necesite unas ramificaciones, pero por lo menos tienes un fundamento firme por la cual puedes proceder.

Yo recomiendo fuertemente que gastes el dinero necesario (usualmente $2.000 a $4.000) para obtener un plano maestro. Pide al arquitecto o al planeador a, por lo menos, diseñar un esbozo del edificio o edificios, que anticipa la necesidad de construir a largo plazo. Asegúrate de tomar en cuenta requisitos que demorarán el proyecto y otras restricciones que la ciudad o condado pueda imponer.

El calendario del plan maestro

¿Cuánto tiempo toma para inventar un plan maestro? Si has hecho tu tarea, si tienes un documento bien hecho del comité de planificación que articula las necesidades, deseos y sueños, y si puedes comunica la atmósfera de adoración y todos las otras piezas que te dan el arquitecto algún sentido de asuntos de espacio; si tienes una mapa que muestra los niveles del terreno, entonces el tiempo sería solamente el tiempo que toma el planeador o arquitecto en conceptuar y diseñar el plano, probablemente no más que un mes. Un mes es una expectativa razonable si has hecho bien tu trabajo.

Un plano maestro completo va a ser un dibujo que describe el terreno, cómo el tráfico entrará y saldrá del terreno, y por lo menos una representación esquemática de donde va a ser el edificio, empezando con la primera etapa. La fase primera por lo general es dibujada con líneas sólidas, y fases siguientes con líneas ligeras o líneas de puntos para que sea aparente que no

El plan maestro

son parte del plano inmediato. Ya que tengas el plano maestro y hayas determinado el curso de acción, será de mucha ayuda si desarrollas diseños de color u otros modelos para ser usadas como parte de los esfuerzos de compartir la visión y levantar fondos.

No necesitas detalles absolutamente finas para iniciar un plano general, pero al tiempo de intentar a poner cualquier tipo de estructura sobre esos cuadros y rectángulos, debe haber obtenido todos los detalles. De otra forma, vas a estar rediseñando los planos, y va a ser muy costoso. Por ejemplo, necesitas pensar si planeas tener campos de deportes o lugares para niños, o si necesitas espacio para salones de clase y un gimnasio para una escuela. Todas esas cosas van a dictar cuanto terreno vas a necesitar y cómo vas a posicionar sus edificios.

La forma sigue la función. Tienes que ser capaz de articular el lado "personal" de la visión y cómo se va a ver el ministerio. ¿Qué va a estar haciendo la gente, y donde? ¿Va a ser estas personas bebés, niños, adolescentes, adultos, familias, solteros, ruidosos o quietos? Si tienes un grupo ruidoso en un salón, ¿qué va a pasar en el sala junto a ellos? ¿Cómo caminarán las personas de un parte de las instalaciones a otro? ¿Solos o en grupos? ¿Va a ser lluvioso, caliente o nevado? Todos estos factores afectan lo que un diseñador tiene que pensar.

En algunos lugares puede haber un patio abierto entre edificios, sin problema. En otros sitios necesitarás una cobertura para quitar la lluvia. Y en otros lugares se tiene que encerrar los pasajes o la nieve del invierno entrará. En algunas iglesias se puede abrir la puerta y entrar directamente al santuario. En la mayoría de otras áreas, abre la puerta y entra en una encerradura de viento, y abre otra puerta para entrar al vestíbulo. Muchas iglesias en lugares calorosos tienen encerraduras de viento, porque también es una barrera para mantener adentro el aire acondicionado. En algunos sitios patios abiertos son usados como lugares para convivencia, porque la gente quiere salir después del culto. En lugares de mucha lluvia, los patios abiertos no funcionan bien por la mayoría del año. Modelos de tráfico son otra consideración importante. En una iglesia que he visto, la congregación entra por un par de puertas y sale por otra, porque no hay suficiente espacio en el vestíbulo para tráfico de dos sentidos. Las puertas de salida de lado salen directamente al estacionamiento, sin bovedilla o lugar para convivencia. Cuando sale, está de camino.

Haz un plano maestro antes de adquirir el sitio

Idealmente, un plano maestro será diseñado basado en un sitio que existe actualmente. Pero tal vez tendrás que pasar por cierto nivel de planificación aún antes de adquirir terreno, para asegurarte de que compres un terreno suficientemente grande para las cosas que propongas hacer. Al otro lado, la topografía y otras características de un terreno en particular determinarán su conveniencia, utilidad, y cómo será situado el edificio. Así al determinar el tiempo apropiado para iniciar un plan maestro es un ejercicio de balance a cierto grado. Pero si has hecho la debido diligencia en la visión y tienes por lo menos números preliminares en un presupuesto, puedes empezar a definir los parámetros que gobernarán el proceso de selección de sitio.

¿Necesitas tres, cinco o veinticinco hectáreas? Antes de pagar por los servicios de un arquitecto o planeador, quieres por lo menos estar al punto en el desarrollo de la visión para poder decir: "Aquí es como vemos nuestras necesidades" y hacer que el arquitecto te dé una idea de los requisitos de espacio. Puede decirte: "Necesitarás cinco hectáreas para el edificio, tres hectáreas para el estacionamiento y seis hectáreas para campos de deportes, y arquitectura paisajista, los cuales llegan a ser catorce, entonces debes estar buscando por lo menos un sitio de catorce hectáreas". Si llegas a tener una grande diferencia entre lo que pienses que necesitas por lo menos y el máximo que necesitarás (vamos a decir una escala de cinco a quince hectáreas), yo recomiendo fuertemente que comisiones un plano

El plan maestro

maestro. Di al planeador que no solamente necesite unas sugerencias de donde construir los edificios en un terreno relativamente plano, pero también necesitas algún concepto de los mínimos hectáreas necesarios para acomodar el plan y recomendaciones para expansiones más grandes. Si él estima que puedes "hacerlo" con ocho hectáreas, pregúntale: "¿Qué tan apretado seríamos?" ¿Estarías mejor tener diez hectáreas o doce? Requisitos óptimos de terreno, tamaño y trazado del edificio, contratiempos y otras restricciones de zonas son algunos de los tipos de asuntos que necesitas discutir con el planeador. Sería necio decir: "Necesitamos veinte hectáreas" o dos hectáreas, sin tener un concepto general y un dibujo fijo.

Repasa el plano

Por último, el plano tiene que funcionar en el presupuesto. Obviamente, el costo del terreno será una parte grande del costo general del proyecto, pero esto es no más que una decisión de dos ejes. Planear es multidimensional; cada decisión afecta a otra cosa.

Una cosa que puedes hacer para mantener los costos en línea es evitar los órdenes de cambios al invertir tiempo en revisar el plano inicial cuidadosamente. Cuando recibes los diseños preliminares del arquitecto, camina mentalmente a través de cada espacio y di: "¿Están organizados las salas de clase lógicamente? ¿Están los baños donde deben estar? ¿Está adecuado el espacio para cuidar a los niños? ¿Va a haber un rincón oscuro? ¿Necesita una ventana esta área? ¿Qué pasaría si pusiésemos una puerta aquí? ¿Aumentará el acceso? ¿Será fácil para un visitante encontrar los sitios donde ha de ir?

Muchos de nosotros no tenemos experiencia visualizando planos como terminados. Por lo tanto es necesario encontrar a algunas personas del comité que pueden hacerlo. Haz lo mejor y sé tan completo que puedas. Si no puedes visualizarlo, por lo menos háblalo: "Bueno, estoy entrando por esta puerta aquí."

Cómo construir y financiar su templo

¿Es claro como llego al santuario desde este punto?" Camina mentalmente a través de todo el edificio y pregúntate tantas preguntas que puedas, porque en esta etapa temprana, los cambios son relativamente bajos en costo. Anima al comité traer a la reunión los pensamientos, preguntas, y recomendaciones, y no detengas esta etapa. La peor cosa que no quieres que suceda es que alguien entre al edificio ya terminado y diga: "Yo sabía que se iba a ver así" o aún peor: "Yo temía que se iba a ver así". Pon todas esos pensamientos, temores, ideas, y preguntas en avance, antes de que se hagan los planos finales, y ciertamente antes de que se comience la construcción. Cualquiera cosa que puedes hacer para evitar órdenes de cambios va a ahorrar tiempo y dinero.

Trae a varias personas para mirar los planos o dibujos, no solamente los expertos. Algunas de las mejores preguntas vienen de personas que no necesariamente saben cómo leer planos, pero quienes pueden visualizar cómo se deben ver las cosas y quienes pueden articular preguntas que necesitan ser preguntadas. Discuta los planos completamente con el comité de construcción y no apagues la discusión hasta que todos hayan sido animados a interactuar con los planos y hacer todas sus preguntas. Otra vez, lo más temprano que se hacen los cambios, lo menos que te va a costar.

Por supuesto, si quieres evitar por completo el costo de cambiar los planos, el tiempo para realmente pensar en lo que quieres es las etapas de visión y planificación. La más información que puedas dar al arquitecto al empezar, los mejores planos que vas a obtener. Pero haga lo que haga, no evitas o pasas por alto la etapa de "evaluación del plan".

No permites que el arquitecto o el constructor te empuje durante el proceso de aprobación. De hecho, ellos deben explicar los planos y ayudar a todos a articular preguntas y anticipar preocupaciones. Tiempo gastado al empiezo vale la pena más adelante. El modismo antiguo: "Una libra de prevención vale una

El plan maestro

libra de curación" es verdad sin cuestión cuando habla de ferro-prusiatos y edificios.

Representantes de cada grupo de constituyentes dentro de la iglesia deben mirar al plan propuesto, pero deben investigar especialmente las áreas que aplican directamente a ellos mismos para asegurarse de que todo lo que necesitan está incluido. Una revisión cuidadosa de los planos por las personas que estarán viviendo lo más cercano con el resultado pueda evitar 75 por ciento de los órdenes de cambios.

Establece buenas relaciones de trabajo

No hay sustituto para la buena comunicación con el arquitecto o el constructor. Como pastor quieres que estas personas estén de tu lado, trabajando contigo y ayudándote a evitar errores. Sea directo y completo. Termina cada conversación con el arquitecto y constructor al preguntarles: ¿Hay preguntas que no estamos haciendo que *debemos* preguntar? No seas temeroso de explorar detalles específicos del plano de construcción, especialmente donde el planeador tal vez haya especificado algo que pueda ser más o menos de lo que necesita, y donde tal vez va a querer tomar una decisión informada acerca de lo que realmente quieres.

Por ejemplo, una iglesia que conozco decidió cambiar los tiradores de puerta que originalmente habían especificado. Los nuevos tiradores eran más seguros y sustanciales, con un cerrojo más larga, y costó solamente dos dólares más cada uno que los anteriores. Sin embargo, sin saberlo el comité de construcción, el proceso de instalación era sustancialmente diferente, requiriendo un aumento significante en labor. A causa de que el comité no se dio cuenta de las diferencias —porque pensaron que un tirador era un tirador— y no tomaron el tiempo para averiguar, los costos de labor de instalación subieron como cohete.

El comité debe hacer las preguntas correctas, pero un contratista que estuvo pensando y comunicando bien con su cliente hubiera dicho: "Espera. Esto se parece a un cambio sencillo de tiradores de puertas, pero el proceso de instalación para la segunda es 50 por ciento más costoso en tiempo. Y cuando multiplique eso por 25 tiradores, llega a ser un cambio sustancial. ¿Es eso realmente lo que quiere hacer?" A largo plazo, el nuevo tirador probablemente fue una decisión buena, pero afectó al presupuesto, y la iglesia hubiera preferido tomar una decisión informada.

Yo no puedo enfatizar demasiado la importancia de la comunicación cuidadosa y completa en cada etapa del proceso de construcción. Cuando estábamos construyendo nuestra iglesia en California, por ejemplo, nuestro contratista nos llegó un día y nos dijo: "¿Realmente quieres las lamparillas de luz que se especificó el arquitecto?"

Yo le dije: "Yo no sé. ¿Por qué no lo querríamos?"

"Bueno, usted me dijo que iba a tener una sistema de oficina flexible, con particiones que potencialmente puedan ser movidos. El arquitecto interpretó eso para significar que usted necesita máxima flexibilidad en su sistema de iluminación, y él especificó una sistema donde corríamos una conducta arriba del techo de "T-bar", tal que pueda literalmente sacar una lamparilla de luz, bajarlo, y moverlo a otra salida y conectarlo. Usted tiene flexibilidad sin límite con su iluminación, pero cuesta $45.000 más que una iluminación fija.

Yo le pregunté: "Por $45.000, ¿cuántos electricistas podríamos pagar para mover las luces si lo necesitamos?"

El constructor me dijo: "¡Ahí está el detalle!"

Nosotros calculamos que pagando por un electricista a reposicionar una lamparilla, incluyendo cualquier reinstalación de alambres y cajas de transferencia adicionales, costaría posiblemente $150. Con ese costo, ¿cuántas veces tendríamos que cambiar las luces hasta gastar $45.000? La decisión fue sencilla: nosotros autorizamos el cambio a luces fijas.

El punto es evidente en sí: necesitas comunicar

El plan maestro

cuidadosamente. Obviamente, el arquitecto no entendió qué fue nuestra intención al decir "flexibilidad". Él lo interpretó de acuerdo con sus propios diseños, y no nos preguntó nada para aclarar nuestras necesidades y expectaciones. Él nos hubiera explicado, durante la explicación de los planos, que él había especificado un diseño de luces en particular, la cual ofreció la máxima flexibilidad, pero que era más costoso que las otras opciones. Nosotros entonces hubiéramos tenido la oportunidad de preguntarle: "¿Cuánto más va a costar?" Entonces, si él hubiera dicho: "unos $45.000", hubiéramos replicado: "Mejor no hagamos eso".

Asegúrate de que el arquitecto te indique instalaciones y rasgos que son apropiados para el nivel de uso que van a recibir. Conveniencia corta por dos lados. No quieres un grado de alfombra baja, por ejemplo, en un área de mucho trafico, pero tampoco quiere lo mejor-de-lo-mejor en materiales en lugares de poco tráfico.

En otro proyecto de iglesia, el arquitecto especificó instalaciones de cuarto de aseos como lo haría en el aeropuerto, listo para miles de usos por día, todo el año. En ese tiempo, la iglesia tenía un personal de veinticinco personas. No necesitaban instalaciones de alta calidad ni el gasto adicional.

Cuando comunicas las necesidades, deseos, y sueños al arquitecto y contratista de construcción, hazlo muy claro que quieres ser todo lo posible para ahorrar mientras todavía construye una estructura que es de servicio, representativa, y económico. Pregunta mucho y —si no entiendes sus respuestas o si algo parece un poco raro— pide una aclaración. Recuerda que el edificio va a estar con la iglesia por muchos años, y puede ser una bendición o una maldición. La planificación cuidadosa y la comunicación clara son esenciales para cumplir resultados positivos.

CAPÍTULO 8

CÓMO SELECCIONAR EL SITIO

Yo no puedo contar el número de veces que he oído a pastores decir: "Vamos a comprar tres hectáreas y construir un nuevo edificio para nuestra iglesia". Cuando yo oigo una frase así, siempre pregunto: "¿Cómo sabe que tres hectáreas son suficientes?"

Inevitablemente, el pastor se encogerá los hombros, y entonces le hago mi segunda pregunta: "¿Ya tiene su declaración de visión y misión ya hecha, y ha formado ya su comité de construcción para investigar sus necesidades, deseos y sueños para que sepa qué tipo de edificio necesita construir y cuánto terreno necesita para edificarlo?" Más que nunca, no lo tienen y no lo hayan hecho.

Si estás moviendo adelante con un proyecto de construcción, pero no has tomado el tiempo para clarificar la misión y articular la visión para el futuro de la congregación, estás moviendo temprano y jugando con gran dificultad, si no hacia un desastre. Construyendo un edificio para una iglesia no se involucra la ciencia nuclear, aunque el potencial para errores y fallas explosivas puedan sugerir lo opuesto, pero sí requiere más que un buen par de ferroprusiatos y un pedazo nivelado de terreno.

Una iglesia con la cual yo trabajé tenía planeado comprar tres hectáreas dentro de un terreno más grande que estaba por venta. Cuando nos sentamos para hablar acerca de la dirección de ministerio y empezamos a desempaquetar la visión, de

Cómo construir y financiar su templo

repente estábamos hablando de construir una primaria y secundaria allí, y varios otros edificios, además. De inmediato yo paré la conversación y dije: "¡Un momento! ¿Cómo van a poner todo eso en tres hectáreas?" Ellos no tenían idea. Después de calcular las necesidades basadas en la visión para el futuro, terminaron comprando diecisiete hectáreas, los cuales les permitieron cumplir con sus metas de largo plazo. Sin una visión articulada claramente, sin embargo, no hubieran anticipado con esmero sus necesidades, hubieran comprado menos terreno que necesitaban —aunque los hectáreas suficientes estaban disponibles— y hubiera limitado la expansión de su ministerio. Por eso empezando con una misión y visión es tan importante.

Funda la búsqueda en la oración

Aún más básico que las declaraciones de la misión y la visión en el proceso de seleccionar el sitio es la necesidad para la oración. Suena casi demasiado obvio para mencionarlo, pero siempre empieza con la oración. No lo pasa por alto y no para de orar antes de ver la respuesta del Señor. Pídale a Él que te demuestre donde buscar, y pídale que te demuestre el sitio específico que Él tenga en mente para la congregación. Ora: "Queremos hacer tu voluntad, Señor, en tu sitio, no la cual que nosotros amaríamos, por la cual que usted. tenga por nosotros".

Es fácil olvidarse de preguntarle a Dios: "¿Qué quiere hacer aquí? ¿Cuál es Su visión para nuestra iglesia, para nuestro ministerio?" Podemos llegar a ser tan ocupados "haciendo la obra del Señor" que nos olvidamos de hablar con Él acerca de lo que estamos haciendo. Si está buscando la voluntad del Señor y haya orado y creado una declaración de visión, ¿hay alguna oportunidad que Dios no le va decir donde el sitio para el edificio debe de estar?

Mientras persevere en la oración, pide la ayuda de un agente de bienes raíces para obtener una idea de donde el mercado está, y empieza mirando propiedades. Averigua el costo promedio de un hectáreas para construcción. En 1979, cuando estábamos buscando una propiedad para nuestra iglesia en Dublín, California, el costo de un hectáreas para construcción era $50.000, más servicios públicos. Eso era más allá de nuestra capacidad financiera. Sabíamos que necesitábamos por lo menos diez hectáreas, probablemente quince, y dentro de los confines de nuestro plan de diez años, no había manera por la cual podríamos gastar $50.000 por hectáreas y todavía hacer lo que esperaríamos hacer con el edificio.

Al inicio, nos desanimamos, pero después dijimos: "Bueno, Dios tiene un plan". Mientras continuamos orando y esperamos en el Señor para revelarnos sus propósitos, hicimos todas las cosas normales y prácticas. Visitamos sitios con varios agentes de bienes raíces; circulamos la ciudad buscando sitios posibles y tocamos timbres para ver si los dueños estaban disponibles a vender. Lo hicimos *todo*, pero todavía no encontramos un sitio apropiado.

Un día, yo estaba sentando en mi oficina cuando un hombre vestido de campesino entró y dijo: "He oído que está buscando terreno".

"Sí" le dije, mirándolo bien.

"Yo tengo propiedad que usted necesita ver".

Al inicio, yo lo dudaba, porque yo pensaba que habíamos visto todas las hectáreas disponibles en el área. Yo le dije: "Hemos visto todos los terrenos, ¿Dónde está?"

"Yo sé que no haya visto este terreno" me dijo, sin demorar.

"¿No quiere ir a visitarlo?"

"Claro," le dije.

Manejamos al borde del valle y después subimos una colina a un terreno que tenía la vista de toda el área. Era absolutamente hermosa, con una vista fabulosa de larga distancia, y era claramente visible del valle para arriba. Yo estaba interesado, pero mi pensamiento de inmediato era: *¿Cuánto costaría esto?* El hombre empezó a hablarme acerca de la propiedad y dijo: "Sí, hay cuarenta y nueve hectáreas aquí..". *¡Cuarenta y nueve hectáreas! ¿Qué necesitaríamos para comprar cuarenta y nueve hectáreas?* "... y yo quiero $115.000 por todo". "¿Por hectárea?" le pregunté. "No, en total" me dijo. "$2.500 por hectárea". Yo quería escribirle un cheque allí mismo. En serio. En vez de eso, yo le dije con tanta calma que pude producir: "¿Es verdad?" "Sí, el terreno tiene unos problemas" continuó. "No ha sido anexado a la ciudad todavía".

Tan impasible que pude hacerlo, le dije: "Sí, eso es un problema" pero en mi mente yo estaba prácticamente gritando: *¡Queremos este terreno!*

Regresamos a la oficina de la iglesia, y yo estaba intentando a no revelar que tan animado estaba. Yo dije: "Bueno, necesitamos pensarlo, y orar acerca de esto..". Yo anoté su número telefónico, nos saludamos, y él se fue.

Tan pronto como se fue del estacionamiento, yo fui a otro de los pastores asociados y le dije: "Vamos. Le voy a llevar a una colina para mirar a un terreno". Casi volamos al otro lado del pueblo y cuando llegamos al terreno, yo dije: "Vamos a comprar este terreno".

Mi pastor asociado lo miró una vez y dijo: "¡Claro que sí!... Eh, pero, ¿por cuánto?"

Después de discutir acerca de la propiedad con los otros líderes de la iglesia, arreglamos una oferta con veintidós contingencias, incluyendo que el terreno sea anexado a la ciudad, y trabajamos en cada etapa del proceso. Tomó mucha energía y visión dada por Dios para llegar de donde empezábamos hasta donde llegamos, pero no movimos ni una piedra antes de volar sobre la propiedad para trazar un mapa de ella, y después tomar esa información a un ingeniero civil para desarrollar un sitio para construcción en veintidós de los cuarenta y nueve hectáreas.

Recibimos un avalúo de los que nos costaría para preparar el sitio, y después trajimos nuestro planeador maestro y le dijimos: "Bueno, si tuviéramos este terreno, ¿en donde pondríamos los edificios?"

Antes de que terminemos, teníamos que pavimentar una calle, mover 277.00 metros cúbicos de tierra para balancear, cortar, y llenar la propiedad para hacer un sitio nivelado, y mover unas rocas gigantescas. Compramos la propiedad por $2.500 por hectáreas y al tiempo de construir habíamos pagado $22.000 por hectáreas para construcción por veintidós hectáreas que desarrollamos. En comparación a $50.000 por hectáreas en el valle, teníamos una compra increíble, especialmente cuando considera la visibilidad y la vista.

Dejamos a unos de los hectáreas como terreno prima al borde de la propiedad, pero en el plan maestro hicimos provisión para eventualmente construir otra calle y vender unos terrenos residenciales que esperábamos vender y recuperar algunos o todos los gastos para el terreno. Ese terreno al borde de la propiedad se mantuvo sin desarrollar por más de una década después de que me fui de la iglesia, mientras la congregación se enfocó en otras prioridades, pero en los últimos años, la iglesia ha empezado a vender esos lotes y todavía espera recuperar mucho de su inversión original en la propiedad total.

Para poner el tamaño de este proyecto en perspectiva, nuestra congregación fue de un poco más de mil miembros al principio del proceso. Al tiempo de que entramos en el nuevo edificio, habíamos crecido hasta 1.400 miembros. Antes de que cerremos el deposito de fideicomiso en el terreno, habíamos gastado $55.000 en costos de diseño, en lo que resultó ser un proyecto de $2.3 millones.

El factor más significante en el proceso de seleccionar el sitio es la oración y manteniéndose abierto a lo que el Señor le pueda estar diciendo. Dios conoce el tiempo, Él conoce el terreno en particular y Él puede estar preparando el corazón del vendedor; ¿quién sabe? El hombre que nos vendió la propiedad tenía muchos planes para desarrollar el terreno él mismo, pero por fin se cansó de jugar con ellos y decidió vender el terreno.

Claves en seleccionar un sitio

La regla estándar —ubicación, ubicación, ubicación— se mantiene verdad para edificios para iglesias como para casas y empresas, pero otras consideraciones son igualmente importantes. Si ya eres dueño de propiedad, ¿es adecuado para las necesidades futuros? ¿Está encerrado por todos lados o hay lugar para expansión futuro? ¿Necesitas reubicarte o dañarías el enfoque de tu misión reubicarte? Para cumplir con la misión y visión, ¿dónde está la ubicación optimo para el centro del ministerio? ¿Es visible su ubicación? ¿Es fácilmente accesible? ¿Cómo entra y sale de la propiedad? ¿Hay asuntos de tráfico que necesitan ser resueltos antes de que pueda construir? ¿Van a surgir nuevos asuntos mientras crezca la congregación?

Tu definición de una ubicación óptima depende en cómo hayas definido a ti mismo como iglesia y cuáles son los parámetros del ministerio. Si estás en un barrio y muchos de los miembros andan a la iglesia, los requisitos son muy diferentes de los de una iglesia en la comunidad que necesita ser ubicado en una calle principal o ser fácilmente accesible de muchas partes del pueblo.

Una buena ubicación es una combinación de cercanía, visibilidad, accesibilidad, y conveniencia. Dependiendo de lo que está disponible, tal vez tengas que relajar los ideales cuando llegas a un sitio específico, pero no subestime la importancia y posible impacto de la ubicación. Donde sea que decidas construir el edificio nuevo, la congregación estará viviendo con las consecuencias por años, aún décadas, por venir.

Cómo seleccionar el sitio

Una de las mejores decisiones en la selección de sitio que he visto fue hecha por una iglesia en Orlando, Florida. Una congregación basada en la comunidad, ellos encontraron propiedad para construir un edificio para tener asientos para 5.000 junto a una intersección de dos avenidas comerciales principales. La calle en el lado tercero es una calle grande al borde del barrio, y la cuarta está junto a otro terreno. Al otro lado de la calle al lado del barrio, la iglesia compró otro lote grande para más estacionamiento.

Acceso al nuevo edificio es muy importante, una consideración para una iglesia regional de ese tamaño, la cual atrae su membresía de toda el área de Orlando. La propiedad tiene dos puntos de acceso en cada uno de las tres calles principales, un total de seis entradas fluyendo en y saliendo del estacionamiento principal, directamente a las calles principales. Situada en el centro de la ciudad, como a medio milla de la carretera, es una ubicación perfecta para esa iglesia en particular.

No importa el tamaño del edificio, visibilidad y acceso son siempre importantes. ¿Puedan visitantes encontrarte? ¿Si le puedan ver desde una calle principal, puedan llegar a la iglesia? Uno de las selecciones más desafortunados que he visto fue hecha por una iglesia basada en la comunidad en el Suroeste. El edificio es visible desde una carretera principal, pero solamente accesible por una calle de dos sentidos, la cual es congestionada regularmente por tráfico del domingo. Si los líderes de la iglesia y sus planeadores hubieran pensado más cuidadosamente acerca de la accesibilidad, pudieran haber optado por una ubicación distinta.

¿Cuánto terreno necesitamos?

Después de la ubicación, el próximo factor importante para considerar es cuanto terreno necesitas. Basada en tu declaración de visión, el plan maestro, y los reportes y requisitos de comité, debes por lo menos estimar cuanto terreno se va a necesitar. El

Cómo construir y financiar su templo

tamaño del sitio muchas veces dictará donde pueda ubicarse, porque el centro de la ciudad probablemente ya está muy desarrollado. Puede que necesites ir a las áreas del borde de la ciudad para obtener suficiente terreno para hacer lo que propongas hacer.

Para estimar la cantidad mínima del terreno que se necesitará, multiplica el número de asientos del santuario que propongas tener por 200 pies cuadrados, entonces divide por 43.560 pies cuadrados en un hectárea. Ese es una regla muy variable, y de ninguna manera muy generosa en relación con espacio. Cada sitio específico va a requerir ajustes para topografía, contratiempos, diseño del edificio, y estacionamiento, pero, hablando generalmente, 200 pies cuadrados por asiento dará suficiente espacio para el santuario, vestíbulos, baños, salones de clase, pasto, estacionamiento: todo lo que necesita que la ciudad va a requerir.

Otra regla común para planear es edificar el nuevo santuario de doble o doble y mitad de su capacidad actual, basado en expectativas de crecimiento normales. Cualquiera cosa menos que eso puede empezar a sentirse muy apretado en poco tiempo.

Cuándo se debe empezar a buscar propiedad

Si yo pastoreara una iglesia que no tuviera su propia propiedad adecuada, o si yo supiera que íbamos a tener que reubicarnos, la primera cosa que haría, aún mientras estamos trabajando en nuestra declaración de visión y otras preeliminarías, sería empezar a buscar cada lote razonable en el área, para tener un sentido de lo que sea disponible. Yo oraría con los otros líderes, trabajaría con personas de bienes raíces, y manejaría mi coche por todo el pueblo. Si hubiera una parte alta en el pueblo, yo me sentaría allí y oraría por la ciudad para abrirme a la dirección del Señor. Nunca es demasiado temprano para mantener el ojo abierto para una ubicación estratégica, pero fácilmente puede llegar a ser demasiado tarde si no miras por delante e intentes a anticipar las necesidades. No espera hasta que el edificio actual esté explotando antes de empezar a planear, o puede ser forzado a una situación insostenible donde tiene que cambiar el ministerio sustancialmente o mudarse a un lugar temporal.

La selección del sitio puede caerse en varios lugares en la línea del tiempo. No importa el calendario general, si tengas la oportunidad de comprar un terreno primario —uno con tamaño suficiente, buen ubicación, buen acceso, y visibilidad— mientras hagas la tarea, lo puedas comprar sin mucha preocupación que va a ser demasiado pequeño, si no tengas una visión expansiva que incluya un auditorio de 5.000 asientos y una escuela. Si el terreno correcto llega a ser disponible, aún si estás adelante en el juego en relación con la planificación, es probable que está bien comprarlo, o por lo menos asegurar una opción. Por lo menos, valdría la pena juntar a los lideres claves para discutirlo y hacerlo un asunto de oración.

Yo conozco de una situación en un estado del Oeste, donde una propiedad fenomenal llegó a ser disponible del Buró de la Gerencia de Terrenos (BGT). Era suficientemente grande para lo que esta iglesia necesitaba y la ubicación era buenísima. Aún mejor, a causa de que el BGT estaba intentando a vender esta propiedad, estaban dispuestos a venderlo por un precio relativamente bajo y llevar financiamiento por un periodo de tiempo. Además, el contrato dictó que si se construyera sobre la propiedad antes de cierta fecha, el BGT perdonaría parte de la deuda, y había algunos otros incentivos en el acuerdo.

Dada su ubicación de primera cerca del distrito principal de empresas de una ciudad grande, la propiedad probablemente tenía un valor de $1.2 millones. En vez de eso, la iglesia pagó algo como $500.000, la cual los estrechó hasta el límite, y tal vez un poco más allá. Con relación a su proceso de planificación, el tiempo de la decisión era horrible, pero la oportunidad fue demasiada buena para pasarlo por alto. Aún si por fin tuvieran que vender la propiedad, pudieran poner una bodega sobre ella y recuperarían su inversión. No había ningún riesgo de una perspectiva de pérdida de ingresos.

Después de consideración cuidadosa y con mucha oración, ellos compraron el terreno y continuaron en su proceso de planificación. Hoy, la congregación está en su tercera fase de su plan de construcción, y la iglesia está creciendo y vibrante, en parte a causa de la ubicación estratégica de su edificio. No sucede así todo el tiempo, pero esto fue uno de esas situaciones donde tenía sentido entrar con los dos pies porque la oportunidad fue demasiada buena para pasarlo por alto.

En otra situación, una iglesia quería cambiar de su ubicación en la ciudad al campo para ganar más espacio para expansión en el futuro. Compraron varios hectáreas, pero sin considerar leyes de zonas y otros asuntos. Cuando llegó el tiempo para edificar, encontraron mucha resistencia de los dueños de propiedades que les rodeaban, quienes no querían una iglesia en ese lugar. Por fin, después de meses de discusiones e intentando a solucionar las cosas, la iglesia tenía que vender la propiedad, y tomó una pérdida cuando el terreno se vendió por menos de lo que habían pagado. Solamente porque la propiedad está disponible y se parece apropiado no significa que es la decisión correcta. Haz tu tarea.

¿Cuándo se estreche para adquirir un sitio específico? Cuando una compra a tiempo está estratégicamente en su mejor interés. Pero si al comprar la propiedad tomaría de servicios esenciales del ministerio, es una estrecha demasiada. En ese punto, estás impidiendo a tu visión —tu razón por existir— y no aumentándola. A veces es una decisión difícil, por eso cubriendo el proceso con la oración es tan importante.

CAPÍTULO 9

CÓMO EVITAR HOYOS Y TRAMPAS

Aun si el terreno "perfecto" llega a ser disponible, no compra apresuradamente sin considerar todos los otros elementos —más que ubicación, precio, visibilidad y acceso— que son factores en una buena decisión. Cuando nosotros adquirimos nuestra propiedad en California, escribimos veintidós contingencias en nuestra oferta cubriéndolo todo desde asuntos de zonas, a la calidad de la tierra, a nuestra necesidad para una votación congregacional para movernos adelante en asegurar la propiedad. Sabíamos que iba a tomar meses para pasar por el proceso de fideicomiso, y después años más para realmente construir, y no queríamos entrar en una decisión solamente porque la propiedad se "parecía" perfecto.

Las circunstancias cambiarán de una situación a otra, pero siempre debes avanzar con precaución cuando estés evaluando la conveniencia de un terreno específico. No temas pedir contingencias para protegerte de factores desconocidos las cuales lo harían imposible construir sobre el terreno. No quieres saber después de todo que el sitio ideal es el antiguo basurero del condado, o que el estado tiene planeado anexar la propiedad para un proyecto de carretera. Peligros potenciales incluyen regulaciones del gobierno, factores específicos del sitio, y asuntos del barrio.

Regulaciones del gobierno

La distribución por zonas de la ciudad y el condado y otras

restricciones puedan afectar adversamente a una propiedad. Antes de comprar el terreno, si haya sido urbanizado antes o no, querrás investigar completamente cualesquiera códigos municipales y requisitos que puedan afectar los planes.

Zonas: ¿Es el terreno en una zona donde puedas construir una iglesia? Si no, ¿qué tan fácil son los cambios de zonas en el municipio? ¿Cuál es la temperatura política en la ciudad para el tipo de edificio que quieras construir? ¿Está inclinada favorablemente la comunidad hacia iglesias o no?

Asuntos de planificación del gobierno: ¿Hay planes maestros del municipio que afectarían al sitio, y cuales son? ¿Afecta el plan maestro de la ciudad positivamente o negativamente a la propiedad? Estos asuntos usualmente están escondidos si no se sabe cuáles cuestiones deben ser preguntadas. Yo conozco de una iglesia que es dueño de una propiedad donde el estado tiene la opción de construir una carretera de circunvalación justamente por la mitad de su propiedad. Como consecuencia, si la iglesia intenta vender la propiedad, hay una restricción en el título, puesto allí por el estado, que dice que el terreno solamente puede ser vendido por ciertos propósitos. La opción de la circunvalación limita la vendibilidad y el valor de la propiedad drásticamente. ¿Hay algún derecho de vía de la ciudad, el condado o el estado que afectarían a la propiedad que está considerando para el edificio? Investiga estos asuntos de antemano, antes de que se comprometa de corazón a un terreno específico.

Códigos municipales y restricciones: ¿Cuáles son los requisitos de la ciudad para el sitio con relación a retrasos, drenaje para tormentas, banquetas, pavimento, y otros asuntos? ¿Qué tipo de restricciones hay con relación al numero de ocupantes en el edificio? Algunos municipios no otorgarán un permiso de ocupación hasta que todo el paisaje haya sido terminado, por ejemplo. Muchas iglesias entran un proyecto con la idea de que utilizarán a obreros voluntarios para plantar unos arbustos y árboles después de que se termina construyendo el edificio, solamente para descubrir que no pueden entrar hasta que todo haya sido terminado. Tienen que poner el paisaje o vender un bono para cubrir el costo antes de que puedan obtener un permiso de uso o un permiso condicional de ocupación. Códigos de municipio y restricciones pueden añadir pedazos costosos al diseño general, y deben de ser considerados en el presupuesto.

Requisitos de retraso: Las reglas y estándares establecidos por su municipio muchas veces cambiarán o impedirán los planes para un sitio. El arquitecto o planeador debe tener este tipo de información, pero no lo tomas por dado.

Restricciones de estacionamiento: ¿Se basa la ciudad los requisitos de estacionamiento en el total de pies cuadrados o en el tamaño del edificio? ¿Cómo afecta el número de pisos del edificio al número de espacios de estacionamiento?

Permisos: ¿Qué se necesita para obtener un permiso condicional? ¿Es necesario tener uno?

Restricciones de altura: Yo oí de una iglesia en que experimentó muchos problemas a causa de las restricciones de altura de la ciudad. Durante el proceso de planificación, tenían que amarrar globos llenos de helio a cada rincón del terreno para que se extendiesen a la altura que iba alcanzar el edificio para poder estudiarlo para asegurar que el edificio no impediría la vista de ninguno de los vecinos. A causa de las restricciones de altura de la comunidad, la iglesia encontró muchos problemas al conseguir la aprobación para el edificio que querían. Decretos de la ciudad y otras restricciones son cosas que definitivamente necesitas chequear antes de avanzar demasiado en el proceso de planificación, especialmente si estás planeando un santuario de gran escala, que puede ser un edificio de un solo piso, pero que mediría lo mismo que un edificio de dos o tres pisos.

Ministra a la comunidad

¿Cuál es la temperatura política de la ciudad? Esta depende

de cuan involucrados están los miembros de la congregación en la vida política de la ciudad. Puede existir o no una opinión positiva de la iglesia de parte de los oficiales gubernamentales. Si propones edificar un ministerio de largo plazo en la comunidad, realmente necesitas involucrarte en la vida de la comunidad, incluyendo reuniéndote con los líderes gubernamentales y civiles, invitándoles a la iglesia y haciéndoles saber lo que está pasando. Yo conozco muchos pastores quienes hacen un "día de gobierno", donde invitan a sus líderes de la comunidad local a la iglesia un sábado para un programa con un enfoque patriótico. Su propósito es honrar a sus líderes, orar específicamente por ellos, y darles un sentido de "conexión" a la iglesia. Conexiones a la iglesia son muy importantes, y necesita construir cualesquiera puentes para facilitar el proceso.

Factores específicos para el sitio

Ubicación y tamaño son dos elementos muy importantes en la selección del sitio, pero otros factores también pueden estorbar el proceso —y añadir mucho más dinero a su costo— si no pongas atención.

Topografía: La distribución del terreno tiene mucho que ver con el costo de construcción. Si tienes que excavar, llenar o poner un muro de refrena para edificar el edificio a calidad, todos esos son gastos añadidas que usualmente no están en el diseño de arquitectura inicial.

Acceso a los servicios públicos: ¿Son accesibles fácilmente los servicios públicos? La disponibilidad de agua, drenaje, electricidad y servicio de gas natural es obviamente importante y potencialmente costoso. ¿Están los servicios *en* el sitio o solamente *al* sitio? Si no son por lo menos *al* sitio, estás enfrentando un gasto muy grande. Yo conozco de una iglesia que compró un terreno y luego descubrió que los servicios públicos estaban un cuarto de milla de lejos. Ese pequeño error añadió $250.000 al costo de su proyecto. Por supuesto, lo hizo más fácil y menos costoso para la próxima persona quien quiso comprar sobre esa avenida.

Composición de tráfico: El fluir del tráfico en el área alrededor del sitio es una consideración muy importante. No ayuda mucho si el tráfico está volando enfrente de su sitio mientras la gente esté intentando a hacer una vuelta a la izquierda enfrente del tráfico para entrar o salir de su entrada. Baja ciertas circunstancias, la ciudad puede exigir que se instale un carril para dar vuelta a la izquierda y una flecha, la cual añadiría un gasto grande al presupuesto.

Expansibilidad: Mira la propiedad que rodea al sitio de construcción. ¿Hay probabilidad de adquirir por lo menos un derecho de negación en un poco de terreno adicional para que no llegue a ser encerrado?

Tierra: ¿Tiene la composición de tierra correcta para poder construir? La composición de tierra puede ser un factor grande al determinar el costo de construcción, porque si necesitas traer toneladas de grava para llenar, o si tienes que explotar para poner el cimiento, sus costos subirán grandemente.

El hombre necio construyó su casa sobre la arena

La composición de tierra es un asunto grande que, desafortunadamente, se pasa por alto. Si estás comprando un terreno que está relativamente plano, tal vez no vas a dar mucho pensamiento a lo que está bajo la superficie. Pero no te olvides de que el cimiento tiene que estar dentro de esa tierra, y si la tierra no es de una composición apropiado para apoyar el cimiento, pueda crear un gasto grande. La historia de horror clásico (¡y es verdad!) es de un pastor, quien estaba en un pueblo nuevo, y vio una propiedad bonita la cual él sintió que estaba en el lugar perfecto para una iglesia. Sin mucha consulta, él compró el terreno, solamente para descubrir después de que él había comprado el viejo basurero de la ciudad, la cual había sido nivelada y cubierto por pasto. La iglesia tenía que pagar para remover toda la basura antes de que pudieran construir, algo que costó como varios cientos de miles de dólares más. Vale la pena saber la historia de la propiedad que propongas comprar. Problemas con la tierra pueden extender de demasiadas rocas bajo la tierra, la cual puede exigir las explosiones de dinamita para poder liberar una buena forma para el cimiento, a no suficiente compresión, a asuntos de drenaje o docenas de otras complicaciones posibles. Los asuntos se variarán dependiendo en su ubicación —la tierra en las islas de Hawai es diferente de la tierra en Alaska— pero cada área tiene su tierra con retas. No es muy costoso pagar por un examen de la tierra, entonces a menos que sepa lo que está en la tierra sobre la cual quieres construir, es de suma importancia saberlo. Yo no compraría ninguna propiedad sin hacer por lo menos exámenes mínimos de la tierra, solamente para asegurarme que podríamos hacer lo que querríamos con nuestro proyecto de construcción.

Necesitas incluir el costo de excavación y preparación del sitio en el presupuesto general de bienes raíces. Los costos variarán basado en tamaño, ubicación, topografía, y la composición de la propiedad. Si eres sabio, vas a poner a la composición de la tierra como uno de los contingencias en el contrato de compra. En otras palabras, vas a querer estipular que el acuerdo no va a ser aceptado sino y hasta que hayas determinado que la tierra sea idónea para lo que quieres construir. Confíame en esto: si tienes que usar explosiones para poder poner sus líneas de drenaje, no es algo bueno.

Tan importante que es un examen de la composición de la tierra, no es garantía de que no va a haber problemas. En una iglesia que yo pastoreé en California, hicimos catorce diferentes sondas de la tierra para examinar la composición, porque sabíamos que íbamos a tener que hacer grandes excavaciones. Las pruebas no revelaron nada significativo, pero la primera vez que corrimos un nivelador sobre la propiedad, sacaron una roca

Cómo evitar hoyos y trampas

del tamaño de un Volkswagen. Terminamos teniendo que explotar algunas áreas porque había mucha roca. De hecho, cuando yo dejé al pastoreado para trabajar en Plan de Extensión de Iglesia, la congregación me dio una placa que dijo: "Sobre estas rocas hemos construido nuestra iglesia".

Un contrato de compra sabio tomará en cuenta cualesquiera asuntos que podrían regresar a atormentarte después, tales como zonas, requisitos de uso condicional, tierra o asuntos ecológicos (pámpanos, tanques de petróleo enterrados, control de erosión, etc.). Si estás construyendo sobre un terreno en la ciudad, por ejemplo, el cual no ha sido construido, o que no conoces la historia de ello, haz un estudio de tierra y un estudio de impacto ecológico, para asegurarte de que no haya contaminación. Si se descubre contaminación, no vas a poder construir hasta que haya sido arreglado, y limpiarlo puede ser muy costoso. Si hay evidencia de que hubo un estación de gasolina sobre la propiedad, u otra fuente de posible contaminación, asegúrate de que el vendedor tiene la responsabilidad de limpieza y no tú. El vendedor tiene la responsabilidad para comunicar la existencia de un tanque enterrado u otros peligros conocidos, pero tú como el comprador todavía debes de ser diligente.

Yo conozco de un hombre en Nueva York quien compró un edificio viejo de escuela sin leer las declaraciones de revelación. Cuando hizo una solicitud para financiamiento, el prestamista le preguntó: "¿Hay asbestos en esta escuela?".

"Nunca han tenido ningún problema con incendios en esa escuela" le dijo el comprador. "¿Dónde estarían los asbestos?"

El prestamista movió su cabeza y le dijo: "¿Nunca ha oído de tubos cubiertos o azulejos de piso hecho de asbestos?" Resultó que el lugar estaba repleto de asbestos, un verdadero desastre. En este caso, el vendedor había revelado completamente el problema, pero el comprador no había puesto atención. Nunca puedes ser demasiado cuidadoso.

Cómo construir y financiar su templo

Asuntos del barrio

Si eres dueño de una propiedad actualmente o tienes planeado mudarte, relaciones con los vecinos es un posible campo de minas. ¿Cuál es la temperatura del barrio que te rodea hacia la iglesia? ¿Es positivo? ¿Negativo? ¿Es probable que los vecinos apoyarán al proyecto o expansión, o van a intentar a poner barreras en su camino? ¿Ha sido un buen vecino, o hay asuntos no resueltos o conflictos esperando a levantarse?

Siendo un buen vecino empieza aún antes de que comiences a construir y tal vez antes de que compres la propiedad. Dependiendo en la ubicación del sitio, es usualmente una buena idea de hacer un sondeo informal de los vecinos. ¿Están apoyando la construcción en el barrio? Si solamente uno o dos vecinos están opuestos a la construcción, puedes trabajar a ganar su favor y la oposición probablemente no te va a impedir. Pero si estás en un barrio que está completamente opuesto a tener una iglesia en el área, es probablemente más sabio de despedirse graciosamente e irse a otro lugar más lejos, a menos que el sitio es absolutamente de oro y estés disponible a trabajar duro para ganar el apoyo. Basada en la ley de promedios y la propensión de ciertas personas a crear problemas, siempre vas a encontrar alguna oposición, pero un ataque masivo puede ser una manera en que el Señor te este diciendo que tienes un local mejor para la iglesia.

Si tienes relaciones negativas en el vecindario, sería mejor resolver esos asuntos lo mejor que puedas antes de iniciar un proyecto de construcción. Es como labrar la tierra antes de intentar a plantar. Debes asegurarte de que has resuelto cualquier conflicto. Si hay un problema con el estacionamiento, si los vecinos están descontentos porque las personas de la iglesia están estacionando en la calle, hay que investigar lo que puedas hacer ahora para resolver el asunto. Arregla algo con una escuela cercana o centro de compras para permitir el estacionamiento allí y provee un autobús para traerlos a la iglesia y de regreso después. Haz lo necesario, pero haga que los vecinos sean lo más felices que puedan ser, porque van a tener una influencia grande en el éxito de los planes de expansión.

Cómo extender la obra en un barrio encerrado

Los relaciones con sus vecinos son aun más importantes si la iglesia está encerrada y el terreno más cercano para edificar le llevaría más allá del área de ministerio. Una solución es intentar a comprar casas o propiedad alrededor de la iglesia. Suponiendo que ya hayas establecido buenas relaciones con los vecinos, recomiendo a cualquiera iglesia que está encerrado pero necesita extenderse a irse a los vecinos y decirles: "Yo sé que no tiene planeado mudarse, pero si decide vender a cierto punto, nosotros estaríamos deleitados para trabajar con usted en un derecho de negación".

Tu método no necesita ser mercenario. Solamente comunica sencilla y sinceramente con los vecinos que la iglesia sería un participante voluntario en una compra de valor del mercado, siempre y cuando decida vender.

Si algunos de los vecinos son ancianos, tal vez debes hablar con ellos acerca de un fondo de fideicomiso de beneficio, la cual es una herramienta de planificación de impuestos la cual les permita vivir en su casa gratis por el tiempo que quieran, pero luego el título cambiaría a la iglesia cuando se muere el dueño.

Cuando está encerrado, la mejor cosa que puedas hacer es ser un vecino excelente. Haz más de lo normal para hacer que el vecino sea feliz. Asegúrate de que las actividades de domingo en la mañana y durante la semana no estén generando demasiado ruido. Recuerda a la congregación a no bloquear entradas y a manejar con cortesía y cuidadosamente en las calles del barrio. Si vecinos tengan preocupaciones, asegúrate de que sepan quien llamar y que su preocupación recibirá atención rápida.

Haz todo lo posible para que el asunto con los vecinos sea

de alta importancia en la congregación. Después de que hayas puesto los cimientos apropiados, casi hayas ganado el derecho de ir directamente al vecino más cercano y decirle: "Mire, si más tarde determine que quiera vender, nosotros estaríamos muy interesados en hablar con usted". Tal vez puede entrar inmediatamente en un acuerdo de derecho de negación, pero por lo menos establecer la idea de que estás interesado en comprar la propiedad. Primero, por supuesto, tienes que obtener un acuerdo de la ciudad acerca de zonas o uso condicional. No empieces comprando casas que te rodeen sin asegurarte de que las ordenanzas de la ciudad te permitan convertir las propiedades para uso de la iglesia.

Comprando propiedades que te rodea es un proceso difícil, y no completamente deseable, pero para nada raro. Si todo dice que sí, pídele a un agente de bienes raíces a mirar fijamente por propiedades de vecinos que se pongan a vender, en el caso de que los dueños no hablen contigo primero. Luego, negocia para comprar las casas y empiece el proceso de determinar un uso intermedio. Por corto plazo, puede que deseas rentar las casas o usarlos como salones de clase, porque no va a destruirlos uno tras uno, y puede tener una propiedad que no puedas adquirir. No te decepciones. Comprando propiedades alrededores es un proceso muy complicado, costoso, y que requiere mucho tiempo, pero si de veras la iglesia está encerrada por todos lados y tu visión del ministerio sería dañada al mudarse, puede ser que la mejor opción es trabajar con lo que tengas. La otra posibilidad es de extender hacia arriba al añadir un segundo piso, pero aun allí puedes enfrentarte con restricciones de altura, requisitos de zonas, requisitos para nuevo estacionamiento, u otros obstáculos de los vecinos o de la cuidad. El punto es esto: la más investigación histórico y preparación preactiva que hagas, lo mejor que va a ser las probabilidades en evitar trampas y hoyos en el camino al nuevo edificio.

CAPÍTULO 10

CÓMO SELECCIONAR EL ARQUITECTO

Después de que todos los pasos preliminares hayan sido completados, debes de tener suficiente información compilada para llevar a un planeador maestro o un arquitecto. Lo más preparado que seas y la más información que puedas proveer, lo más fácil va a ser esta parte del proceso y los mejores resultados vas a obtener. Llama a otras iglesias quienes estilo de adoración son semejante a la tuya o cuyos edificios admiras y pregunta quien lo diseñó. Entrevista a varios arquitectos quienes han sido recomendados. Sea sensitivo a que tan semejantes son cada uno de los candidatos filosofías y procesos de programación a tus necesidades y deseos. Un "proceso de programación" es la forma por la cual el arquitecto tomará a tus necesidades y los traducirá en espacio proyectado. Es esencial que entiendas el proceso que vas a usar el arquitecto, porque va a influenciar la comunicación.

La complejidad del proceso de seleccionar un arquitecto depende en el tamaño del proyecto, si es un edificio nuevo o simplemente una obra de remodelación. Si estás remodelando, muchas veces es más fácil y más económico usar el arquitecto quien diseñó al edifico original, porque él ya tendría los planos.

Si estás construyendo del terreno para arriba, un gran número de buenos arquitectos comerciales pudiese hacer un buen trabajo en diseñar un edificio para iglesia, pero si nunca han construido uno, es importante durante la fase de entrevista de averiguar cuales recursos tienes para ayudarle. La mayoría de los arquitectos no intentarían diseñar cada fase ellos mismos.

Cómo construir y financiar su templo

Tienen personal de apoyo o colaboradores con quienes trabajan por tipos específicos de espacio y por diseño del paisaje. Si un arquitecto te diga que pueda hacerlo todo él mismo, corre por la salida más cercana. Puede ser bien aconsejado a enlistar los servicios de uno de los muchos arquitectos por toda la nación quienes especializan en iglesias. Puede ser que diseñan otros tipos de edificios también, pero su enfoque primario son iglesias. Una especialista en iglesias es un buen recurso si estás construyendo algo de tamaño significante, porque diseñando edificios para iglesias presenta retos únicos. Por ejemplo, las calificaciones de acústicos del arquitecto necesitan ser estudiadas como parte del proceso de selección. Pregúntale: "¿Cómo maneja los asuntos de sonido? ¿Tiene esa pericia en su personal o tiene que traerlo de afuera?"

¿Cuándo no escogerías a un especialista de iglesia? Si tienes confianza en un arquitecto local, porque has visto su trabajo, o porque has hablado con él acerca de la vida de la iglesia y fue clara que él realmente entendió las necesidades. Tal vez nunca haya diseñado una iglesia antes, pero si tiene una pasión para hacerlo y sus otras credenciales son buenos, entonces puedas querer tomar la probabilidad y trabajar con él. Pero realmente no hay sustituto para la experiencia.

Aun cuando trabajes con una especialista, es importante explorar las experiencias con iglesias del pasado del arquitecto, porque su referencia primaria va a introducir ciertas predisposiciones. Si solamente haya asistido a una iglesia que se reúne en una bodega alquilada, o en un centro de compras convertida en iglesia, su opinión de cómo se debe parecer una iglesia podría afectar al proyecto. Un arquitecto con un antecedente de iglesia litúrgica, por ejemplo, tendrá un punto de vista totalmente distinto de cómo se deben ver la plataforma y el área del altar que una persona que se crió en una iglesia carismática. Diferentes denominaciones asignan diferentes niveles de prominencia a la predicación de la Palabra, la celebración de los sacramentos, y el ministerio del cuerpo. Es absolutamente esencial que el arquitecto comprende y aprecia tu estilo de adoración y prioridades de ministerio. Si el estilo de adoración incluye servicios frecuentes en el altar, por ejemplo, no quieres un arquitecto quien va a diseñar un lugar que tiene la primera banca demasiada cerca de la plataforma.

La solución más sencilla, tal vez, sería contratar a un arquitecto quien ha sido criado en su tipo de asociación, o quien ha edificado muchas iglesias para el mismo estilo de adoración. Si tiene experiencia construyendo iglesias semejantes, probablemente tendrá una buena idea de cuales necesidades va a ver en tu caso. A pesar de la experiencia del arquitecto, sin embargo, yo no lo emplearía si no había visitado nuestra iglesia durante un culto para experimentar cómo adoramos, y si estaba confiado de que él entendía nuestras necesidades únicas.

Claves para seleccionar un arquitecto

Junto con la selección del constructor, elegir un arquitecto va a ser la decisión más importante que vas a tomar durante el proceso de planificación. A menos que el proyecto es muy pequeño y muy sencillo, debes entrevistar más que un arquitecto. Esto no es tiempo para apresurarte o tomar la vía rápida. Las más preguntas que hace, la más información que vas a juntar, las más referencias que compruebas, lo más satisfecho vas a ser con los resultados. Si eres sabio vas a evaluar completamente a las calificaciones de cada arquitecto en cuatro áreas:

• Habilidad y experiencia
• Reputación
• Disponibilidad
• Carisma

Habilidad y experiencia

El mejor lugar para empezar es mirando proyectos completados. Fotos son buenas, pero vas a querer mirar lo más edificios que puedas personalmente. Si es posible, lleva al comité a varias iglesias que el arquitecto haya diseñado. ¿Te gusta cómo se ven los edificios? Hace muchos preguntas acerca de los edificios que han hecho. ¿Cuáles son sus experiencias trabajando con contratistas? ¿Cuán edificables son los planos? ¿Son fáciles para interpretar, fáciles para construir? Pregunta acerca de su programa de tiempo y costos. Con los recursos que tienen, ¿pueden cumplir con su calendario? ¿Son dispuestos a trabajar de acuerdo con un presupuesto, en vez de construir el centro de sus sueños? ¿Cuál es su experiencia en el pasado en cumplir con el presupuesto? ¿Cómo le cobran por sus servicios? ¿Está basada en un porcentaje del costo total del proyecto (la cual es normal) o es basado en el presupuesto? La mayoría de los arquitectos usarán el contrato del Instituto de Arquitectos Americanos u otra organización similar, el cual permite añadir a tus especificaciones.

¿Qué tan involucrados van a ser en el proceso? ¿Cuáles son sus experiencias en trabajar juntos con un comité de construcción de iglesia? ¿Cómo manejan la revisión de los planos? ¿Cómo aguantan cambios? ¿Cuál es su proceso para llevar a los planos para obtener un permiso? ¿Te van a darte un rollo de planos y decirte: "Bueno, lleva estos al departamento de edificios", o van a hacer el proceso ellos mismos? ¿Van a aguantar y tratar con las líneas rojas y criticismos del departamento de edificios?

¿Van a supervisar el proyecto en el sentido de que van a pararse para revisiones periódicas para asegurarse de que el contratista está construyendo de acuerdo al plan? Usualmente, un arquitecto cobraría una cuota adicional para supervisión. Puede ser el siete por ciento para diseñar planos o el 7,5 por ciento si tiene responsabilidades de supervisión.

Reputación

No puedo sobrestimar la importancia de chequear

Cómo seleccionar el arquitecto

referencias, pero demasiadas iglesias todavía no lo hacen. Realmente estás buscando el desastre si no por lo menos llamas a pastores de otras iglesias que el arquitecto haya diseñado. *Visitando* esas iglesias sería aún mejor, pero por lo menos necesitas hablar con algunos pastores quienes han trabajado con el arquitecto.

Cuando llamas a las iglesias, es *muy* importante preguntar cosas como: ¿Cómo trabajó el arquitecto con el comité de construcción? ¿Sintió que hubo buena comunicación? ¿Cuál fue su experiencia con las proyecciones de presupuesto del arquitecto? ¿Fue sensitivo y responsivo con las necesidades, limitaciones, y preocupaciones? ¿Se pudo leer claramente los planos y los pudo construir el contratista? ¿Cómo aguantó los cambios el arquitecto? ¿Fue cooperativo y ayudante o fue resistente? ¿Tuvo muchos problemas?

¿Entendió el arquitecto su papel apropiado en el proyecto? Algunos arquitectos desarrollan un sentir de que es su edificio. Es casi como el orgullo de ser autor de un escritor. Sería sabio explorar ese ángulo con las referencias: ¿Tuviste una situación donde querías añadir una puerta en algún lugar y el arquitecto le dijo: "Vas a arruinar mi edificio"? Yo tengo una respuesta directa para arquitectos que toman demasiada "posesión" de un proyecto. Yo simplemente les digo con una sonrisa: "Dame su libro de cheques y lo haremos de su manera".

Asegúrate de preguntar a otros pastores acerca del mantenimiento de los edificios: ¿Qué tan bueno está diseñado el edificio para el mantenimiento? ¿Hay suficientes conexiones para aspirar todo el pasillo? ¿Son suficientemente grandes los salones de limpieza y son equipados apropiadamente (y están donde deben de estar) para que pueda mantener al edificio? ¿Hay agujeros en el techo o en las ventanas? ¿Cómo está la cobertura de ventilación, calefacción y aire acondicionado? ¿Hay cualquiera cosa que harías diferente si tuvieras la oportunidad?

Cómo construir y financiar su templo

Pregunta una combinación de cuestiones específicas y sin limites fijos para obtener la más información que puedas de clientes previos del arquitecto. Otra vez, la más información que puedas juntar al principio, lo mejor va a ser tu experiencia. Depende en donde se encuentran los otros proyectos, una conversación por teléfono con sus clientes previos puede ser lo mejor que puedas hacer. Pero siempre va a ser mejor si puedes *ir* físicamente a la iglesia que el arquitecto haya construido y caminar con alguien —camina con el encargado de limpieza además que el pastor— y hace toda clase de preguntas. Ver es creer, y si estás dentro de la iglesia pasea por todas partes y sin duda podrás pensar en preguntas que de otra forma olvidarías. También si caminas dentro de un edificio local que es muy lindo, averigüe quien fue el constructor y ponga su nombre arriba de tu lista de contratistas para llamar.

Hablando de contratistas, no te olvidas de hablar con constructores quienes han trabajado con los planos del arquitecto, especialmente planos de iglesia. Pregunta dos cosas: "¿Fueron construibles los planos?" y "¿Cómo aguantó los cambios el arquitecto?" A veces un arquitecto puede diseñar unos planos que se parecen increíbles, pero cuando el contratista intenta construir de los planos, hay rincones que no se juntan bien y sistemas de techo que no se conectan bien. Mejor oír esas historias antes que experimentarlos tú mismo en realidad.

Selecciona referencias

Si preguntas a un arquitecto prospectivo para una lista de referencias, él le va a dar una lista de proyectos que fueron buenos. Un enfoque más objetivo es pedir una lista completa de los proyectos que ha construido y entonces seleccionar los que quieres llamar. Seguramente vas a obtener una perspectiva mejor de esa forma.

No te limites a la lista de contactos del arquitecto. Otra buena fuente de información es la oficina de planificación de la ciudad. ¿Cuál es la reputación del arquitecto con los planeadores e inspectores de la cuidad? Si encuentras que el personal del departamento de edificios no le gusta a un arquitecto en particular porque no trabaja bien con ellos, puedes pensarlo muy bien antes de emplearlo. El departamento de edificios tiene el poder para hacer de la vida una vida miserable si no le gustan el arquitecto, el constructor, sus planos, o a ti mismo. Si te caes bien con el arquitecto, generalmente él podrá mover para ti las cosas rápidamente por el sistema.

Otra persona importante para tener a tu lado es el gerente de bomberos. ¿Se aprueba de la ubicación de rociaderas y cómo están situadas las salidas? Cuando tienes un edificio donde se van a juntar muchas personas, el gerente de bomberos puede hacer de tu vida una miseria, si quiere.

No cometas el pecado de pensar que tú puedes dominar o intimidar los siervos civiles quienes tienen que firmar para tu edificio. Acuda a lado de ellos y expresa tu disposición a someterte a sus estándares y sé amigo de ellos. Lo mejor es que trabajes juntos, y será más fácil para el proyecto. Además, cada encuentro durante el proceso de construcción es una oportunidad para el ministerio. No pierdes vista de toda la gran —eterna— esquema.

Carisma

¿Entiende el arquitecto tus necesidades? ¿Está abierto a trabajar con las necesidades específicas, deseos y sueños? El carisma interpersonal es algo para discutir con los miembros del comité. Es un asunto interno, dentro de la casa, no algo que debe de discutir durante la entrevista. Mientras estás escuchando la presentación del arquitecto, pregúntate: "¿Me va a gustar trabajando con este hombre? ¿O me va a volver loco cada vez que nos juntamos?" Si un candidato te afecta malamente, las probabilidades son que los sentimientos son mutuos. Si el carisma no se siente bien, es probable que no es, y probablemente no debes forzarlo solamente porque el arquitecto es local, barato o bueno. La comunicación honesta es tan importante al éxito del proyecto que no va a querer pasarlo por alto a causa de la falta de carisma. Va a volver a morderte. ¡Lo garantizo!

Disponibilidad

Tu búsqueda puede descubrir un gran diseñador de iglesias, pero si estás involucrado en otros proyectos durante el tiempo que lo necesitas, puede que necesites buscar en otro lado.

¿Cuán importante es que el arquitecto o planeador sea local? Realmente no es vital. Emplear alguien de afuera del pueblo sí cuesta más, porque tienes que pagar sus gastos para venir, pero no es vital emplear a alguien local. Yo emplearía a un arquitecto de otro pueblo quien fuera muy educado en el trabajo de la iglesia, en vez de un diseñador que no lo es. Depende de qué tipos de recursos son disponibles en la comunidad.

Un arquitecto local tiene la ventaja en términos de comunicación y costo. Es casi siempre más fácil comunicar con alguien que es local. Puedes visitar su oficina, llamarle por teléfono, juntarse por el almuerzo. Es una cosa completamente diferente si trabaja con alguien que está volando a tu ciudad una vez por mes. Ambos situaciones pueden funcionar, pero comunicarte con el arquitecto de otro pueblo es más complicado. Cuando investigue las referencias, pregunta a otros clientes acerca de su experiencia en comunicarse con el arquitecto.

Cómo trabajar con el arquitecto

El arquitecto es experto principal durante la fase de diseño y planificación. Pericia, habilidad, previsión y sabiduría son las cosas por las cuales estás pagando. El planeador es la persona quien debe saber qué necesita ser hecha y cuáles expertos necesitan ser llamados al proceso para moverse de la fase de diseño al desarrollo, edificación y paisaje del sitio, hasta la ocupación y mantenimiento.

Cómo seleccionar el arquitecto

En el noventa por ciento del tiempo, el arquitecto tendrá contactos con los profesionales necesarios, si sean ingenieros (civiles, de terreno, mecánico, estructurales), diseñadores del interior, proveedores de materiales, recursos de instalaciones (tales como lavabos y la pila, alfombras, bancas) o profesionales de acústicos y sonido (muy importante). Él también puede tener recomendaciones para contratistas de construcción y subcontratistas, pero no deja que las sugerencias del planeador te evite de tu propio diligencia al seleccionar un constructor.

La única vez que las decisiones del arquitecto al seleccionar otros profesionales llegan a ser un asunto importante es cuando estés construyendo un edificio especialmente grande, o cuando obtengas información de otros clientes del arquitecto acerca de ciertos problemas. Por ejemplo, si uno de las referencias te diga: "El edificio está bien, pero tenemos un pequeño problema con la calefacción y aire acondicionado", ese es una señal de peligro. Para evitar el mismo problema, pregunta a tu planeador: "¿Qué ha aprendido de calefacción, aire acondicionado y ventilación desde ese proyecto? ¿Todavía está usando el mismo ingeniero y provisor?"

Mantiene en mente que los arquitectos están en la "practica" de arquitectura, tal como un doctor o un abogado, y las personas que están usando por su práctica son tú y yo. Todos aprendan mientras practican, entonces si un diseñador tiene un problema en cierta área, tú quieres saber qué está haciendo para evitar ese problema hoy.

Puedes tener un arquitecto que te diga: "Yo no quiero trabajar con un comité. Yo solamente quiero trabajar con solamente uno o dos personas". No le echo la culpa. Si haces que el arquitecto trabaje de largo plazo con todo el comité, todos van a enloquecerse y sus costos van a subirse. Una forma más eficaz es tener un comité ejecutivo o un comité para seleccionar un arquitecto que trabaja directamente con su planeador. Este comité puede hacer recomendaciones al comité general. Si sigas este camino, vas a querer tener una reunión con todo el comité y el arquitecto antes de que avances demasiado, para darles a todos una oportunidad para escuchar la presentación del arquitecto y hacerle sus preguntas. Después de la presentación preliminar, la interacción con el arquitecto sería manejada por el comité ejecutivo, el cual se reunirá con el diseñador regularmente. El pastor principal, o alguien que le representa muy bien, debe de ser una parte del comité ejecutivo, para que el proceso de seleccionar un arquitecto no se aleje de él. Pero, lo que sea que haga, no haga que el pastor sea el único enlace con el arquitecto. Extiende la responsabilidad a tres o cuatro personas para asegurarse de que la comunicación se mantiene lleno y rico, y no solamente representa la perspectiva de una persona. Si pides al comité general de construcción que escriba un documento que el comité ejecutivo puede llevar al arquitecto podría ser de mucha ayuda.

Revisión y aprobación del plano de la iglesia

¿Cuál es el proceso del arquitecto para trabajar con el comité de construcción con los planos preliminares? Un buen arquitecto tomaría un papel de liderazgo activo en trabajar con los planos con el comité, solicitando comentarios, criticismos, respuestas y preguntas, antes de que proceda al próximo fase. El arquitecto debe poner los planos sobre la mesa y explicarlos a los miembros del comité pagina por pagina. No permites que el planeador pase rápidamente por este proceso.

Yo creo que un arquitecto verdaderamente profesional comunicará bien con sus clientes en cada decisión grande, incluyendo cualesquiera elementos de costo que haya incluido en los planos, o cualesquiera opciones que van a ser más costosas. La responsabilidad del arquitecto es apuntar esos asuntos y dejar al comité a tomar la decisión.

En sus discusiones iniciales con el arquitecto, asegúrate de que él entienda que quieres lo mejor por tu dinero, pero debes mantener el costo del edificio dentro del presupuesto. Comunique con él las necesidades, deseos y sueños, y hazlo claro que quieres que él haga las cosas en la lista, en orden de prioridad, y cumple con el reto de darle todas las necesidades y la más que puedas pagar por tus deseos y sueños.

Cuídate del arquitecto quien está tentado a construir un monumento a su propio creatividad que pueda decirle a alguien: "Yo construí eso, y tiene la mayor flexibilidad con el sistema de alumbramiento" para hablar de un ejemplo anterior. La comunicación es la clave. Haz las preguntas correctas, y cuando se acaban las preguntas, pregúntale al arquitecto: "¿Qué preguntas debo hacer que no estoy preguntando? ¿Por cuáles asuntos debo estar preocupado que no han surgido todavía?" El arquitecto y el constructor no deben burlarse o resentir tales preguntas, a menos que tenga su propio agenda.

CAPÍTULO 11

CÓMO DISEÑAR EL ESPACIO

Cuando se reúne con el arquitecto, sea preparado para describir a su iglesia en color vivo. Ahora es el tiempo para presentar el documento de comunicación que usted y su comité de construcción desarrolló más temprano (véase cap. 6). Al mínimo, su documento de comunicación debe de incluir una declaración clara de la misión de la iglesia; visión; deseos y sueños; y el presupuesto; pero no se para allí. Un documento de comunicación bien escrita también explicará la cultura de la iglesia, la manera cómo los miembros adoran al Señor, cómo actúan entre sí, y cómo son como congregación. La más completa y comprensiva que sea la comunicación con el arquitecto, las mejores probabilidades hay para obtener el edificio que quieras.

Dale todos los demográficos, incluyendo el número de miembros, el promedio de asistencia semanal, cuantas familias hay en la iglesia (también los niños) y cuántos esperas tener en ciertos puntos de revisión más adelante. Explícale al arquitecto el proceso de cómo veas a la iglesia crecer en los próximos uno, tres, cinco o diez años. Articula la visión. Hazlo claro hacia donde vas.

Responde a todas las preguntas del arquitecto

Si no he comunicado mi punto suficientemente claro antes, déjame decirlo otra vez: La declaración de misión y la visión de cómo el ministerio se va a desarrollar establecerá los parámetros de cada decisión. Aquí hay solamente unas pocas de las muchas preguntas que afectarán a los elementos específicos de tu plan de espacio: ¿Es tu iglesia dirigida a la familia, con programas para bebés hasta ancianos? ¿Una iglesia buscadora de almas, iglesia del vecindario, un centro de avivamiento, iglesia denominacional, o una confraternidad de la comunidad que atrae a personas de todo el área? ¿Cómo afectará la filosofía de educación cristiana a las necesidades de construcción? ¿Incluye tu ministerio a la escuela dominical, cuidado de bebés, ministerio de mantenimiento, consejería, escuela cristiana, servicios de guardería, educación para adultos, seminarios, y deportes y recreo?

¿Necesita el edificio una capilla separada, aparte del lugar principal para cultos? ¿Necesita salones de clase, salones grandes, muros movibles y espacios flexibles? ¿Salones para consejería con entradas y salidas escondidas? ¿Salones para camaradería y salones para reuniones? ¿Un gimnasio completo con baños y regaderas? ¿Necesita el gimnasio convertirse en un lugar para camaradería o quieres (y puedes pagar) dos edificios separados? ¿Quieres alfombra o madera en los pisos? ¿Tienes planeado servir comida, solamente café o nada? ¿Necesitas instalaciones para cocinar en la iglesia o son las actividades sociales tipo buffet?

¿Dónde veas el desarrollo de tu ministerio de tal manera que pueda tener ramificaciones para estructuras muy específicas? ¿Tienes planeado emplear un pastor de deportes y empezar una temporada de básquetbol en la comunidad? ¿Es el drama o las producciones musicales parte de tu estilo de adoración? ¿Necesitas uso flexible en el santuario, salones de clase o espacio para camaradería?

Si tu visión anticipa el crecimiento rápido o extensivo en números, asegúrate de que el diseño permita la expansión, especialmente en cuanto a los asientos del santuario, instalaciones de baños, espacios de estacionamiento, requisitos de acceso, salones de clase, el cuidado de bebés, y el fluir de

Cómo diseñar el espacio

tráfico. Estos son factores que tendrás que anticipar y manejar de antemano. El reto para el diseñador es concebir un plano que sea funcional y estéticamente agradable en cada etapa de la expansión. No quieres que las instalaciones se parecen a una serie de añadiduras. Querrás que se parezca como si fuera planeada profesionalmente desde el principio.

Cómo diseñar el santuario

El punto principal del enfoque en la mayoría de los edificios para iglesias es el santuario. El estilo de alabanza de la congregación, sensibilidades estéticas, tradiciones, realidades prácticas del presupuesto, y las necesidades generales del ministerio serán todos factores en el diseño de este espacio primario para cultos.

Las tres consideraciones más importantes para cada santuario son:

- *Comodidad:* Suficiente espacio para las piernas, colchones y soporte para la espalda adecuada, temperatura moderado y sin vientos.
- *Líneas de vista:* Una vista no estorbada de la plataforma y una pantalla de proyección.
- *Luz y sonido:* Sonido claro y puro que sea suficientemente fuerte sin ser demasiado fuerte; alumbramiento que sea suficientemente iluminosa para permitir que las personas lean el boletín, pero que se puede disminuir fácilmente para la alabanza, presentaciones de drama, proyecciones y películas.

Otras consideraciones se incluyen el fluir de tráfico —cómo se va a mover a las personas adentro y afuera, especialmente con servicios múltiples— y ciertas realidades de códigos para edificios, tales como mínimos pies cuadrados por asiento o persona, salidas de emergencia y más. Con relación a restricciones de códigos, la obediencia es esencial.

Cada decisión en la planificación de espacio últimamente

se conecta con el ministerio de la iglesia. ¿Necesita una plataforma grande para presentaciones de drama? ¿Necesita un bautismo como parte de la estructura, o se va a un río o a una alberca para sus bautismos? ¿Necesita espacio enfrente para llamados al altar, y que tan anchos deben de ser los pasillos para poder acomodar a la gente que venga adelante?

¿Qué de la visibilidad? Para perseverar líneas de vista adecuadas, no puede ir más de trece bancas lejos de la plataforma sin una inclinación del piso, elevando la plataforma o elevando las bancas. Cuando se inclina el piso o se instala elevaciones, eliminas los múltiples propósitos para el uso del auditorio. Si elevas la plataforma, las personas en la primera banca tendrán que echar sus cabezas atrás para mirar. Encontrar el balance entre la forma y la función es muchas veces una cosa difícil.

La calidad de sonido es otra consideración muy importante. Los acústicos son afectados por el diseño y tamaño del salón; la altura, composición, y textura del techo; la composición de las paredes y el piso; el número y tamaño de bocinas, donde estén ubicados, y como son apuntados. Necesitas un diseñador que puede evaluar estos factores *antes* de que se construya el plan, alguien que puede determinar correctamente cómo se va mover el sonido, donde van a estar los espacios muertos, y cómo aliviar cualquier problema. Cuando la Catedral de Cristal primeramente se abrió en Arden Grave, California, había lugares en el santuario donde no podías oír, no importaba que tan alto subieron el sonido. La iglesia tenía que poner más bocinas en el auditorio para arreglar el error, la cual entonces requirió demoras en el tiempo para que el sonido alcanzara todas las partes del auditorio al mismo tiempo.

Un arquitecto que construye muchas iglesias u otros auditorios debe de tener suficiente pericia en acústicos, o debe de conocer profesionales calificados que él pueda subcontratar. Pero no toma nada por dada. Un arquitecto que es todas las otras áreas calificado cuya empresa es mayormente centrada en

Cómo diseñar el espacio

edificios de oficinas o bodegas pudiera haber tenido adiestramiento acústico en la universidad, pero tal vez no tenga la sensibilidad práctica a los asuntos importantes para un edificio para iglesia.

Si quieres que el arquitecto diseñe un edificio que va a reflejar las prioridades y la personalidad de la congregación, tiene que ser capaz de pintar una escena vibrante de cómo es la iglesia. Invita al diseñador a algunos de sus cultos de alabanza para observar. Él tiene que ver las cosas en acción. Si vas a diseñar el espacio de santuario, tiene que entender el estilo de alabanza de la iglesia.

Yo he estado en algunas iglesias que yo sabía que fueron diseñados por un católico. Yo puedo saberlo por la forma en que la frente del santuario está situada. Hay casi un coro y presbiterio, y no hay lugar para tener un servicio en el altar. Yo he estado en iglesias que tienen coros grandes, pero donde no había provisión para una puerta directamente saliendo de la plataforma. No hay forma para los cantantes de subirse en la plataforma, a menos que entren por una puerta de lado del santuario y caminar sobre las escaleras.

¿Está involucrada tu iglesia en el drama? Si está haciendo presentaciones de drama, necesitará lugar para escenarios, entradas y salidas de múltiples direcciones, y una cortina para esconder la plataforma y la parte detrás del escenario. Audio, video, multimedia, luces, acústicos, líneas de vista; todos estos factores tienen grandes implicaciones en el diseño.

La pregunta no es: "¿Cómo alaban las iglesias?" pero "¿cómo alaba *nuestra* iglesia, y cómo *deseamos* alabar mientras movemos adelante hacia el futuro?" En algunas iglesias, si tienen suficiente espacio en la plataforma para un líder de alabanza con una guitarra o un teclado, están listos. Otras iglesias necesitan espacio para una orquesta completa, y si no lo tienen, es un desastre, porque todo su servicio de adoración está centrado en la música de orquesta. Estos no son consideraciones insignificativos, y el arquitecto ha de saber cuánto espacio se necesita para este propósito. Por supuesto, un diseño bien concebido permitirá flexibilidad, porque factores cambiarán y puede ser que necesite revisar el plan solamente para mantener firme la visión.

Las decisiones de color en el santuario muchas veces son un lugar de gran batalla. Está mejor emplear un diseñador de afuera y responder a una lista de recomendaciones, en vez de utilizar a la esposa del pastor o aun un comité de la congregación para hacer el diseño interior. Evita materiales y colores de moda. Piensa en los impactos de largo plazo de tus decisiones, tanto en el diseño del edificio como en la decoración.

El punto mayor en todos estos asuntos es la comunicación. Lo más que el arquitecto conozca y entienda del estilo de alabanza y ministerio y cómo tiene planeado utilizar la facilidad, lo mejor que va a ser adiestrado para planear el espacio eficaz y eficientemente.

Cómo diseñar espacio para clases

Algunos pastores están tan enfocados en el culto de domingo en la mañana que casi se olvidan del resto de las facilidades. El santuario es importante, por supuesto, pero el arquitecto necesita saber igualmente cómo funcionan las clases de escuela dominical. ¿Tienen estilo de discusiones las clases o tipo de enseñanza? ¿Se sientan los niños alrededor de mesas o en filas de sillas? ¿Hay escuela dominical para adultos? ¿Cómo son diferentes las necesidades de los adultos con relación a las de los niños? ¿Necesita pizarrones, tablones de anuncios, pantallas para proyecciones? ¿Muros fijos o particiones movibles? ¿Necesita salones que se pueden extenderse? ¿Cuánta flexibilidad necesita?

Por ejemplo, si quieres la capacidad para tener una clase grande para adultos de 100 a 200 personas, pero también necesitas la habilidad de dividir el cuarto en varios salones para

Cómo diseñar el espacio

15 a 20 personas, necesitas paredes de partición. Ese es un asunto grande en la planificación, con implicaciones para estructuras y mediciones y cómo se va a poner los balancines.

¿Necesitas salones de múltiples propósitos para acomodar una escuela privada durante la semana y una escuela dominical el domingo? ¿Y qué de sus reuniones durante la semana? Si tienes una escuela en el sitio, el uso y la deterioración llegan a ser asuntos grandes. Todas estas detalles son muy importante durante el proceso de planificación, y cuánta más información puedas dar al diseñador, lo más fácil va a ser el trabajo. Todo cuesta dinero, pero deshacer algo siempre cuesta más que hacerlo bien la primera vez.

Calefacción, ventilación y aire acondicionado son consideraciones importantes en cada parte del edificio, pero puede ser especialmente difícil para planear y modular estos aparatos en las áreas de clases, debido a la variación en tamaños de clases y necesidad para calefacción, la necesidad para flexibilidad y la ubicación estratégica de termostatos. ¿Has diseñado el local de acuerdo a los metros cuadrados, la cantidad de personas o ambos? Si se cambia el número de personas en una sala, se cambia la necesidad para calefacción. Si tienes varias clases de escuela dominical juntos, ¿cómo controlas o balanceas la calefacción y el aire acondicionado en cada clase? ¿Dónde están los termostatos?

La capacidad para calefacción, ventilación y aire acondicionado puede ser mantenida por su código local de edificio, tal que tienes que instalar un cierto número de toneladas por el total de metros cuadrados, pero es importante proyectar las necesidades lo más preciso que puedas. Si construyes clases para caber treinta personas y diseñas los aparatos de acuerdo con ese número, pero luego nunca pongas más de quince personas en cada clase, habrás comprado demasiado calefacción, etc. a un costo de muchísimo dinero por tonelada. Por eso es importante gastar el tiempo en la etapa de crear la visión para tener la más firme idea posible de las necesidades por venir. Tan difícil que sea en hacer proyecciones precisas, no quieres subestimar o sobreestimar las necesidades. Hay dinero conectado a cada decisión, y algunas decisiones no son fáciles para cambiar o modificar. No quieres estar viviendo con una decisión mala por los próximos veinticinco años porque no tomaste el tiempo o la atención adecuada para rectificar la visión, clarificar las necesidades y comunicar claramente con el planeador y el constructor.

Cómo diseñar espacio para el cuidado de niños

Muchas de las familias en nuestra sociedad estos días están dando a luz a sus primeros hijos más tarde en la vida, y los padres son mucho más particulares con el ambiente de las facilidades para cuidar a niños que fueron hace treinta años cuando nosotros estábamos empezando nuestra familia. En ese entonces, la mayoría de las parejas eran felices solamente para tener alguien que cuidara a sus niños durante los cultos. Si el cuarto de los niños estaba lleno de pesebres que se parecían a cárceles pequeñas, no había problema. Hoy, una madre joven entrando a uno de esos cuartos para niños diría: "No hay manera en que voy a encarcelar a mi hijo". Ella busca un cuarto brillante, lleno de color, y cómodo, con un personal entrenado y juguetes y mesas estériles; todo lo cual es perfectamente apropiado. No es que no queríamos esas cosas hace treinta años, pero nuestras expectativas ciertamente fueron diferentes.

Si vas a alcanzar a familias hoy, tienes que tener lugar suficiente, y las facilidades apropiados para mantener el lugar limpio y estéril. Si padres no vean una fregadera con algún tipo de jabón antiséptico, se pongan nervioso. Igualmente, si el cuarto está apretado, fuera de modo, o "no divertido", no van a querer dejar sus niños allí. Todos estos factores requieren el pensamiento y planificación de largo plazo. Tienes que entender y anticipar las necesidades y expectativas de las familias.

Cómo diseñar espacio para la administración

Diseñar espacio administrativo que cumple con las necesidades variables es un asunto de comunicación eficaz. Cada arquitecto tendrá alguna experiencia diseñando espacio para oficinas, pero cada espacio de oficina no es apropiado para sus necesidades específicas. Su trabajo es representar verazmente su nivel de actividad y de comunicar específicamente cómo opera su oficina y cómo va a ser utilizada el espacio. Por ejemplo, ¿tiene cada pastor en su personal una asistente o secretaria? ¿Se siente la secretaria cerca de la oficina del pastor? Si es así, eso puede afectar al diseño del espacio. ¿Utiliza alguna forma de comparición secretarial? ¿Todos manejan sus propias cartas, teléfonos? ¿Tiene la iglesia su propio equipo para imprimir u otro equipo para duplicación? ¿Necesitas espacio dedicado para eso? ¿Y qué de la duplicación de casetes o la mezcla de sonido? ¿Necesitas espacio flexible en el área de administración? ¿Prefieres particiones o áreas abiertas, o espacios de oficinas fijos? Recuerdas, la forma siempre sigue la función. Evalúa las operaciones actuales, anticipa las necesidades futuros de crecimiento, y diseña el espacio de acuerdo con eso. La mayoría de las iglesias terminan con espacio administrativo insuficiente para sus necesidades de crecimiento, porque al principio nadie quiere construir oficinas vacías.

¿Cuántas personas pasan a través de las oficinas cada semana? ¿Cuáles otros usos tienes para ese espacio? Por ejemplo, ¿vas a ofrecer servicios de consejería? Si es así, querrás oficinas cerradas (o por lo menos varios salones de reunión), y posiblemente una entrada separada o salida para que los que van a ser aconsejados puedan usarlo. Vas a querer que las salas de consejería sean aisladas para sonido, para que los que estén sentados afuera no puedan oír lo que está pasando por dentro.

Cómo diseñar espacio para la camaradería

Dependiendo del tamaño de las instalaciones, puedes tener

un espacio separado para camaradería, o puedes necesitar un cuarto de múltiples usos para recreo y camaradería, una combinación de santuario y salón de camaradería, o un espacio de múltiples usos que puede servir como el santuario, salón de camaradería, y un gimnasio para una escuela privada. ¿Está diseñado el local para que pueda ser hecho para verse y sentirse como un gimnasio el lunes en la noche, un salón de camaradería el viernes en la noche, y un centro de alabanza el domingo en la mañana? ¿O siempre se parece a un gimnasio con una cruz en la pared? ¿Y se huele a un gimnasio? Esos son situaciones de diseño muy sujetivos y desafiantes, especialmente cuando tengan elementos fijos que no puedan ser escondidos tales como canastas de básquetbol con sus marcadores. Programar siempre es un reto en facilidades de múltiples usos, y una de las consideraciones más importantes en diseñar tales espacios es para que tan rápida y fácilmente pueda hacer la transición de un uso a otro. Asegúrate de que el arquitecto entienda exactamente como va a ser usado el espacio y qué tipo de flexibilidad tiene que ser diseñado en el cuarto.

¿Cuáles otros tipos de espacio para camaradería se necesitan para cumplir con el estilo de la congregación? ¿Necesitas un salón pequeño para reuniones íntimas, o solamente una sala grande de camaradería donde puedes tener bufets y hacer banquetes? ¿O necesita ambos? Si tiene cocina, ¿necesita ser de tamaño comercial o simplemente una cocina tipo de casa? ¿Tiene planeado preparar alimentos allí mismo, mantener caliente platos para bufets (con amplios y bien ubicados conexiones eléctricas), o va a ser provisto por un abastecedor? Como sea que escojas utilizar estas facilidades va a ser determinada por el estilo de ministerio y cuanto espacio tienes disponible. Obviamente, estas decisiones tienen ramificaciones significantes y costosas, implicaciones de código de edificio, y electricidad especializado, plomería, y otros requisitos. Lo que sea que decidas, tienes que comunicar eficazmente con el diseñador para que pueda diseñar el local apropiado para sus necesidades. ¿Cómo diseñas una facilidad de múltiples usos con crecimiento y expansión en mente? ¿Cuál es el plan de largo plazo para un santuario separado? Un diseñador calificado con experiencia será acostumbrado a las situaciones donde la iglesia diga: "Ahora tenemos 300 miembros, pero estamos planeando por un crecimiento significante. Inicialmente, queremos construir para tener espacio para 600 personas, pero nuestra visión es de crecer hasta 1500". El diseñador puede diseñar una facilidad de forma de ventilador que puede ser expandida en etapas. Si das al arquitecto una clara visión de tus metas de largo plazo, él debe de poder encontrar varias maneras de diseñar la flexibilidad en los planos originales. Por supuesto, usualmente hay cosas que necesitas cambiar para obtener lo que quieres o desees. Puede ser que necesites ceder un poco en el plano general para permitir más flexibilidad y expansibilidad. Por ejemplo, puede que necesitas diseñar los vestíbulos de tal manera que pudieran ser utilizados para sentar más personas, o para otra sala de reunión. Si estás determinado en tener un programa de deportes, pero no puedes pagar por un gimnasio separado, puede que necesites tener canchas de básquetbol en las paredes del santuario —un piso duro en vez de alfombra— en vez de construir las elevaciones o piso inclinado que prefería. Estos tipos de decisiones te forzarán a regresar a la declaración de visión para asegurarte de que las prioridades y propósitos son claros.

Cómo diseñar espacio para recreo y aire libre

¿Cuánto espacio extra tiene la propiedad? ¿Puedes dejar a las áreas no desarrolladas como "naturales" o necesitas tener un plan comprensivo de paisaje listo antes de que la ciudad diera un permiso de ocupación? ¿Son las actividades de recreo mayormente adentro o al aire libre? ¿Necesitas un gimnasio y puedes pagar por uno? ¿Cuáles tipos de consideraciones del clima, estilo, espacio y topográficas se aplican? ¿Cómo afectan el fluir de tráfico y acceso al edificio al diseño recreativo? ¿Necesitas un área para dejar y subir a personas? ¿Lo hace difícil las condiciones del tiempo para caminar del estacionamiento a la iglesia? Todos estos factores afectan a como serán diseñados los espacios de aire libre y recreo. Estacionamientos, diseño de paisaje, alumbramiento de afuera, campos para deportes: todo cuesta dinero y crea retos estéticos para el diseñador.

Un proyecto grande probablemente va a requerir los servicios de un planeador de espacios profesional, quien puede diseñar un plan comprensivo a largo plazo, completo con estacionamientos expandibles, áreas de jardín, tratamientos de agua, y pasillos alumbrados. Todo depende del tamaño de terreno, la magnitud de proyecto y las limitaciones del presupuesto.

No menosprecies el espacio de aire libre. La atracción estética de las instalaciones será la primera cosa que vecinos y visitantes verán. Y solamente tienes una probabilidad para hacer una impresión buena la primera vez. Además, no presumes que puedas poner unos arbustos en la tierra y llamarlo un plan paisajista. Averigüe con la ciudad para ver cuales sean los requisitos.

Cómo diseñar otros espacios

El mantenimiento es muchas veces pasado por alto y menospreciado en las consideraciones del diseño. Es increíble el número de iglesias que tienen pisos que requieren limpieza, pero no hay un cuarto de limpieza con un lavabo. ¿De dónde va a venir el agua? ¿El lavabo del baño? Otro error común es un vestíbulo largo y grande sin conexiones para una aspiradora. O edificios de dos pisos sin cuartos de limpieza en el segundo piso. Cosas tontas. Cosas obvias. A veces uno se pregunta si ninguna persona pensó en mantener el edificio.

Edificios para iglesias son notorios para no tener espacio

suficiente para almacenaje, especialmente si la iglesia hace dramas y necesita almacenar escenarios y vestidos. ¿Necesitas almacenaje seguro para instrumentos y otras cosas valiosas? Toma en cuenta las necesidades para almacenaje y planea temprano.

Cómo obtener ayuda de afuera

No te avergüences de enlistar la ayuda de expertos de afuera si eso ayudará en planear un edificio mejor. Por ejemplo, si hay una escuela preescolar vibrante en la comunidad, sería sabio pedirle al director a comprometer unas horas al comité para asuntos del cuidado de niños. Si tienes que pagar por el consejo de un experto y el precio está bien, ponlo en el presupuesto y haz lo que necesitas hacer para obtener esa información. Emplea a consejeros de afuera para el comité donde sea que lo puedas pagar, donde sea que sientas una necesidad, y donde sea que su pericia no es disponible de otra manera. Por lo menos, es absolutamente esencial que encuentra alguien que entienda asuntos de construcción, si no tiene esa pericia todavía en su comité.

Querrás asegurarte de que tengas un diseñador bien calificado para cada tipo de espacio que vas a necesitar. Haz todas las preguntas que puedas, y después confía en los profesionales para guiarte bien. Un buen arquitecto tendrá el personal o relaciones profesionales para darte un gran rango de servicios. Asegúrate de que el arquitecto que selecciones tenga la pericia y el poder para diseñar el tamaño y la complejidad del tipo de facilidad que necesitas.

Consejos para obtener el mejor diseño de espacio

Identifica el estilo de ministerio para que puedas saber lo que quieres y necesitas en el edificio. Cuando ya sepas lo que estés buscando, comunica, comunica, comunica con su diseñador. Asegúrate de que incluyes en el proceso de planificación a toda las personas claves quienes tengan un interés en cada espacio dentro del edificio. Pídeles a revisar y evaluar los planos, para asegurarte de que todas las necesidades, deseos y sueños han sido discutidos.

No importa qué parte de las instalaciones que estés diseñando, es importante que comuniques completa y claramente acerca de cómo la iglesia funcionará en esa área. La comunicación entre el comité de construcción y la congregación, y después otra vez al diseñador, es absolutamente crítico. La comunicación eficaz es como se va a asegurarse de que no pase por alto una sección importante dentro de la iglesia y cómo pueda asegurarse que traduzca todos los elementos que necesitan ser considerados a la mente del diseñador.

Cuando revisas los planos, intentas evaluar el diseño del edificio desde la perspectiva de un visitante por primera vez. ¿Es obvio como llegar de un lugar a otro? ¿Es fácil encontrar al santuario? ¿Y qué de las salas de clase? ¿Están los baños donde esperaría que estuvieran? En algunas iglesias que he visitado, una entrada se parece a cualquier otra y un visitante sería temeroso para abrir una puerta por el temor de que pudiera llegar a estar sobre la plataforma. ¡Y que le pidieran predicar un sermón! Busca por las "señales invisibles" que harán al edificio más "amable a usuarios".

¿Hay una forma de entrar que lo hace obvio a cual dirección debe de irse? ¿Qué tan amable es el edificio para visitantes por primera vez? ¿Van a estar buscando ayuda? ¿Entrarán y se sentirán confundidos y perdidos o les va a atraer el edificio y hacerles sentir en casa? El ambiente es una consideración importante, particularmente cuando esté remodelando. Quieres mejorar la amabilidad a los usuarios del edificio, o por lo menos no perder lo que tienes.

Hemos estado enfatizando la importancia de hacer muchas preguntas al arquitecto, pero también debes animarle a preguntarte y a tu comité acerca de las necesidades. Establezca una discusión donde las preguntas y clarificaciones están

Cómo diseñar el espacio

moviendo de un lado a otro, y después revisa cuidadosamente al diseño completado basado en lo que había dicho al arquitecto que tenía que hacer. No presumas nada. El espacio no es barato. Tiene que ser preparado a gusto. Y no tengas temor de hacer los cambios necesarios a los planos que son identificados durante el proceso de revisión. Siempre es menos costoso para hacer las modificaciones tempranas en el proceso, y es mejor hacer el cambio antes de que se termine el edificio, en vez de vivir con un diseño malo por la vida de la facilidad.

El trabajo muy duro en preparar para un proyecto de construcción es definir las necesidades, deseos y sueños, y sus estilos y formas de alabanza, porque las personas se cansan de hablar de ellos. "¿Cuántas veces vamos a hablar del espacio de oficina?" alguien puede decir. La respuesta es que necesitas ser dispuesto de hablar hasta que lo hagas correctamente, hasta que entiendas todo lo que necesitas y quieres en el espacio y para que puedas articular esa información a las personas que van a dibujar los planos. Recuerda, vas a estar viviendo con los resultados por mucho tiempo por venir. No hay vía corta para el proceso de planificación.

CAPÍTULO 12

CÓMO SELECCIONAR EL CONSTRUCTOR

Ya que el arquitecto está listo y ya tiene algunos planos de las cuales puede trabajar, el próximo profesional para emplear es el contratista de construcción. Basado en las estimaciones del arquitecto, tendrás una idea general de cuánto debe costar la construcción, pero cuando salgas para emplear contratistas, vas a definir precisamente el costo del proyecto a un número relativamente fijo. Es más allá del enfoque de este libro discutir los detalles de ofertas de construcción, pero es suficiente decir que, a menos que vas a negociar una oferta con un contratista en particular, quieres asegurarte de que empleas un proceso de oferta justa e imparcial. Y, haz lo que hagas, manténte lejos de presupuestos de "más costo" o "tiempo y materiales". Una señal de peligro debe sonar en tu mente cuando un contratista no es dispuesto a producir una oferta en firme. Ofertas o presupuestos de más costo o tiempo y materiales dan al contratista un hoyo grande para derramar los gastos, y quitan su incentivo a controlar los costos y terminar el proyecto de acuerdo con el presupuesto. Que se cuide el comprador.

El proceso de seleccionar un constructor debe ser muy similar a los pasos que ha sido tomado para seleccionar al arquitecto. Habla con varios contratistas, visita los edificios que han construido, e investiga sus referencias completamente. ¿Cómo encuentras profesionales, contratistas, y otros proveedores cuyos valores, éticas de trabajo, habilidades, visión, y pericia son iguales o mayores a las necesidades de la iglesia? A través de la oración y la diligencia.

Cómo construir y financiar su templo

Pide al Señor por sabiduría y discernimiento, y haz un trabajo completo de investigación y comprobación de las referencias. Los factores primarios que te vas a querer explorar son habilidad, experiencia, reputación y una buena relación.

Habilidad, experiencia y reputación: No hay sustituto para una buena y calificada referencia para ayudar seleccionar al mejor contratista. Como al arquitecto, debes pedir al contratista que te provee una lista completa de sus clientes, y entonces puedes escoger cuales quieres llamar. Visita los proyectos completados. Habla con los dueños y pregúntales las cuestiones difíciles. ¿Le deja a sus clientes felices y satisfechos con su trabajo, o se deja un gran camino de problemas detrás de él? ¿Termina sus proyectos a tiempo? ¿Son bien construidos sus edificios, o se comete errores a costa del dueño? ¿Se pasan sus edificios la prueba del tiempo? Pregunta cuestiones directas que animan a sus contactos a expandir sus respuestas y decir lo que realmente piensan.

Mencionamos antes la importancia de que el arquitecto mantenga una relación buena de trabajo con el departamento de planificación de la ciudad. Ese principio es doble para el contratista. Si los inspectores no le gustan la manera en que está construido el edificio, o no piensan que construye muy bien de acuerdo a los códigos, ellos pueden estorbar el proyecto al inspeccionar cada detalle del proceso de construcción. Si, de otra forma, los inspectores saben que el contratista construye edificios buenos y sólidos, que construye demasiado y que no intenta cortar costos, el departamento de construcción va a ser mucho más fácil para colaborar con ellos.

Mantén en mente que el constructor va a ser el contacto primario entre la iglesia y el departamento de construcción de la ciudad. Yo no querría que nadie representara mi iglesia cuya reputación sea sospechosa. No me importa si una persona es difícil, pero yo no le quiero creando problemas que no necesitamos.

Cómo seleccionar el constructor

Errores claves para evitar al seleccionar un constructor:
1. No escojas un profesional de las páginas amarillas del libro telefónico. La persona que escoges puede ser un buen constructor, pero realmente no hay sustituto para recomendaciones vocales de clientes satisfechos. Pregunte y averigüe donde están los buenos constructores.
2. No tomes la recomendación de alguien más sin hacer tu propio investigación y comprobación de referencias. Cada proyecto de construcción es diferente, y sus necesidades pueden ser totalmente distintas de la persona quien te dio la recomendación. Las referencias son un buen lugar para empezar, pero haz tu propio trabajo preliminar para calificar un constructor antes de que firme en la línea rayada.
3. No pases rápidamente por el proceso. Haz las preguntas difíciles al principio. Pregunta cuestiones abiertos para identificar cualesquiera áreas problemáticas.

La buena relación: Vas a estar trabajando muy cerca del contratista por nueve o diez meses durante el proceso de construcción. ¿Puedes establecer una buena relación y trabajar con la persona que seleccionas? Diez meses puede ser un tiempo muy largo si empieces malamente con el constructor. Necesitas ser capaz de confiarle para darte la historia honesta acerca del progreso y cualesquiera cambios propuestos, y de mantener el proyecto moviendo adelante en tiempo y de acuerdo al presupuesto.

Cuídate de contratistas que dan un presupuesto muy bajo con la esperanza de conseguir sus ganancias en ordenes de cambios. Por ejemplo, un contratista puede bajar su ganancia en el edificio general de diez a ocho por ciento para obtener el trabajo, pero luego empezará a escribir tus ordenes de cambios para cada cosita, y cobrar ese trabajo en base de tiempo y materiales de veinte por ciento arriba de costos. Yo creo que algunos constructores piensen que si puedan hacer suficientes cambios durante el proceso de construcción, van a ganar lo que descontaron al principio. La mejor manera de protegerte de un contratista deshonesto que juega con el precio bajo / cambios de órdenes juego es obtener una lista completa de clientes y llamar varios números y preguntar cosas específicas. ¿Cómo fue el proceso? ¿Se pareció que el contratista inició muchos órdenes de cambios? ¿Se mantuvo firme a su presupuesto el constructor, o había muchas modificaciones para que el edificio fuera como lo quería el cliente? La siguiente sección incluye más preguntas que hacer cuando estés investigando las calificaciones de un constructor.

Cuestiones de credenciales

1. ¿Se construye a tiempo el contratista? ¿Se puede manejar un horario? ¿Es capaz de usar eficazmente subcontratistas? ¿Están listos los materiales y hecho el trabajo de preparación para mantener el proyecto moviendo por delante? No hay nada peor desde el punto de vista de la agenda que tener un subcontratista que venga y sus materiales no estén allí, o el proceso anterior no haya sido completado. El problema es aún peor si la subcontratista haya traído equipo costoso —especialmente si ha sido alquilado para el trabajo— porque todo cuesta dinero.

2. ¿Se construye de acuerdo al presupuesto el contratista? ¿Cómo maneja órdenes de cambios? Evita órdenes de cambios cuando sea posible y procésalos lo más temprano en el proceso que sea posible. Siempre pides por una oferta firme en los cambios, para que puedas tomar tu decisión con el costo en mente (que es un principio bíblico). Si hay suficiente confianza, experiencia y relación entre tú y el contratista para que pidiendo una oferta firme en cada cambio pueda ser inapropiado, o si el tamaño del trabajo es suficientemente pequeño que dando un presupuesto en cada cambio sería malgastar el tiempo, entonces puedes estar seguro tomando el riesgo. Pero

Cómo seleccionar el constructor

necesitas caminar con los ojos abiertos. Cada decisión para un orden de cambio está conectado a los materiales usados y el tamaño del trabajo, pero a menos que estés hablando de un cambio relativamente pequeño, no procedas basado en materiales —y-tiempo o precio-más-costo. Un presupuesto firme (especificado hasta las coberturas de las salidas) es más complicado y más costoso en términos de tiempo para el contratista, pero es la única manera en que como dueño y propietario del dinero puedas ser protegido. Los contratistas muchas veces quieren cobrar órdenes de cambios basado en tiempo-y-costo. No cae en esa trampa. Siempre pides por una oferta firme y no firmas el orden de cambio hasta que lo tengas. Una conversación típica puede ser como esta:

Tú: "Yo quiero añadir ventanas que no están en el plan".

Constructor: "Bueno, vamos a hacerlo el próximo lunes. Aquí, solamente firma el orden de cambio".

Tú: "No, me gustaría si me pudiera dar un precio primero".

Constructor: "Eh… Bueno, pero mañana le hablo".

Tú: "Eso está bien. Déjame saber cuando tenga un precio firme".

Es probable que el contratista no quiere terminar lo que está haciendo para darte un precio, porque le va a costar tiempo extra. Sin embargo, quieres un precio antes de que le des permiso para seguir adelante. Solamente una vez he dicho a un contratista: "Solamente constrúyelo" y eso fue solo porque era un hombre en quien realmente confiaba. Y dije: "Yo quiero poner una puerta allá y convertir ese espacio en un ropero". Él no quería tomar tiempo allí mismo para darme un presupuesto, pero dijo: "Le digo algo. Usted confía en mí y yo confío en usted. Yo voy a poner la puerta y enviarle la cuenta por lo que vale. Si usted no piensa que vale lo que le voy a cobrar, no pague la cuenta". Él me envió una cuenta por $400 la cual fue más que justo. La clave es, tienes que conocer al contratista, tienes que tener una alta nivel de credibilidad e integridad, y tienes que tener suma confianza en él. Conócete a ti mismo y conozca al contratista, y obtenga un presupuesto firme.

3. Pregunta al contratista —y asegúrate de preguntar a sus referencias— cómo responde a reclamaciones de garantías. ¿Se garantiza el edificio por un año? ¿Vuelve para arreglar problemas? ¿Tiene alguien dedicado a preocupaciones de garantía y listas de correcciones, o tiene que quitar alguno de otro trabajo para hacerlo, y lo va a hacer cuando tenga tiempo? Obviamente, si el techo tiene agujeros, vas a querer que el contratista le dé atención rápida, antes de que cause otros problemas.

Cómo emplear subcontratistas

Emplear al contratista correcto es importante, pero es igual de importante observar cuidadosamente al proceso de construcción. Si no tienes la pericia necesaria dentro de tu iglesia para estudiar el progreso del trabajo, utiliza su red y encuentra alguien más. Es bueno si tengas un profesional calificado dentro de la congregación quien puede visitar voluntariamente al sitio, revisar los planos, y asegurarse de que todo esté progresando de acuerdo al calendario, pero si tienes que emplear un experto de afuera, hazlo. Vas a ser feliz que lo habrá hecho.

"¿Yo pensé que por eso empleamos un contratista de construcción, para manejar el proceso de construcción?" alguno de los miembros pueda decir. Claro, la responsabilidad es del constructor supervisar el proceso de construcción, manejar el horario, emplear subcontratistas; proveer la labor necesaria, pericia y equipo para terminar el proyecto; y mantener todo en rumbo correcto, pero el constructor también tiene intereses materiales en el trabajo que no siempre van a trabajar a favor del cliente. Nunca es mal tener alguien que esté buscando solamente tus intereses, alguien que no tenga ningún otro interés y quien no sea empleado por ninguna persona para hacer algo más en el trabajo, especialmente si el proyecto es grande. La supervisión independiente es prudente y práctica. Tiene más sentido adquirir pericia cuando se da cuenta de que no lo tengas dentro de la congregación. Un proyecto que financiamos —una iglesia que estaba construyendo un santuario para 5.000 sillas— no solamente tenían un arquitecto y un contratista en el trabajo, pero también emplearon su propio ingeniero para supervisar el proyecto. Les costó $60.000 adicionales —con un presupuesto de cinco millones— pero la única responsabilidad del ingeniero era de asegurarse de que todo fue hecho a tiempo y de acuerdo al plan. Él revisó los planos y trabajó con el arquitecto y el contratista para mantener las cosas moviendo bien, para que cuando estaban 60 por ciento terminados, realmente estuviesen 60 por ciento terminados. Si la iglesia hubiera faltado su presupuesto en un área en particular por unos puntos de porcentaje, hubieran gastado más de los $60.000 que les costó para emplear el ingeniero, entonces en un proyecto de ese tamaño, tiene sentido emplear un profesional de tiempo completo.

Aun en proyectos más pequeños, serías sabio al adquirir un nivel apropiado de pericia para supervisar el proyecto. Sea suficientemente honesto para admitir que no conoces suficiente de la construcción para hacer el trabajo tu mismo, y no te muevas adelante hasta que llenes la brecha en el conocimiento o pericia. Encuentra alguien quien sabe lo que está pasando, para que todos puedan dormir bien durante la noche y el proyecto va a ser hecho bien, a tiempo, y de acuerdo al presupuesto.

Aun en una iglesia pequeña de ochenta miembros, puedes encontrar un contratista dentro de la congregación, o en la red de la congregación, quien no está atado a un proyecto, quien pueda mantener su ojo en las cosas. O puedes encontrar un contratista en la comunidad y dile: "Le pagaremos $200 por mes para tomar una hora en nuestro sitio de vez en cuando para investigar y asegurar que todo va bien". No dejes el éxito de el proyecto a riesgo. No te dejes abierto al desastre. La sabiduría se reconoce la ventaja de utilizar el conocimiento de otras personas a un costo razonable.

Es la forma más alta de la necedad pensar que tu mismo debes de ser capaz de completar un proyecto completo de gran escala sin el propio experto —cuya perspectiva no sea temperada por motivos de ganancia— dándole una vista clara de lo que está pasando. No permites que el orgullo o la inseguridad no te permites decir: "Yo no sé, pero encontraré alguien que sí lo sabe".

Por supuesto, necesitas escoger los expertos cuidadosamente. He visto unos jefes de proyectos quienes fueron ciertamente calificados, pero quienes tenían sus propios necesidades compulsivas para ser significante, o su propio agenda, la cual les estorbó cada vez que se sintieron que tenían que demostrar su pericia. Eso no es lo que quiere.

Cómo negociar presupuestos

Entra a cada negociación con Filipenses 2:4 en mente: "Cada uno debe velar no sólo por sus propios intereses sino también por los intereses de los demás". Siempre debes buscar por las situaciones donde ambos ganan, que puede ser a veces difícil en la empresa de construcción, porque la mayoría de los contratistas son acostumbrados a ser golpeado y maltratado.

Tenemos una responsabilidad de ser buenos mayordomos, pero también somos aconsejados a dar nuestra capa si alguien pide nuestra camisa. Lo importante es mantenerlo todo en balance. No puedes necesariamente hacer una declaración de uno o la otra. Ciertamente, no debemos de ir a pelear por un asunto disputado a menos que y hasta que todas las otras avenidas de resolución o mediación han sido usadas completamente. Y aun así, necesitas ponderar la importancia del asunto en particular contra el deseo de mantener nuestro testimonio a un mundo que nos mira.

Cómo seleccionar el constructor

Balancear el testimonio cristiano con las realidades muchas veces duras de hacer negocios en un mundo caído puede crear unas situaciones de negociaciones muy delicadas. Y, como sabes, trabajando con otros creyentes no garantiza que no vas a ver conflictos. En mis años de aconsejar a iglesias, hemos tenido nuestros momentos difíciles donde hemos tenido tomar una posición fija en ciertos asuntos. En situaciones donde una iglesia está intentando a financiar más allá de lo que puedan pagar —y hemos tenido que recomendar que minimicen el proyecto o no les vamos a financiar— hemos encontrado a personas que nos han dicho: "Nosotros pensamos que ustedes eran hermanos nuestros". Nuestra respuesta usualmente es: "Sí somos sus hermanos, pero somos llamados a ser sus compañeros, no necios. Necesitamos ser justos a todas las iglesias que servimos. Somos responsables a ser buenos mayordomos de los recursos que nos ha dado Dios". Esos son momentos difíciles, porque siempre queremos encontrar una solución que deja a todos con dignidad, y donde, lo más que sea posible, todos puedan ganar.

Hay esos tiempos cuando, basado en un principio significante o en una debilidad financiera o de responsabilidad, tenemos la responsabilidad de proteger a la iglesia entera y tomar una postura firme.

Contratistas que competen dentro de la iglesia

Dependiendo en el tamaño de la congregación, puede ser que hay varios contratistas, subcontratistas o suministradores calificados, todas las cuales quieren el trabajo, y todas las cuales han apoyado a la iglesia por mucho tiempo. ¿Cómo caminas por este campo de minas sin tener explosiones?

Si yo fuera el pastor en esa situación, yo me reuniría con todas los empleados potenciales juntos o les escribiera una carta —o las dos cosas—, pero les diría a todos definitivamente: "Le agradecemos a cada uno de ustedes como miembros de nuestra congregación. Sabemos que cada uno de ustedes tiene dones y habilidades únicos, y sabemos que todos están interesados en este proyecto. Estamos agradecidos por eso, pero también sabemos que no todos pueden ganar el trabajo. Queremos recibir ofertas de todos, queremos que todo el proceso sea de suma integridad, y queremos ser justos e iguales en nuestra decisión. Y más que todo, esperamos que usted tendrá la gracia y la madurez de entender si su oferta no sea escogida".

Si alguno de sus contratistas residentes diga: "Bueno, yo tenía planeado *donar* veinte por ciento del costo", puedes responder: "Eso es muy generoso, y como individuo siéntese libre de hacer lo que el Señor le dirija, pero el presupuesto debe de ser la oferta".

El pastor y comité de construcción sabio hará todas las decisiones de contratistas por oferta abierta, manteniendo al proceso al aire libre y con mucha integridad, y la selección final será hecha por el comité completo, no por el pastor solamente. Para su propio preservación, el pastor debe ser solamente uno de muchos involucrados en hacer la decisión. En otras palabras, puedes que sea parte del comité, pero no debes de ser el factor decisivo.

Además, si un miembro de la congregación tenga la intención de dar una oferta para el proyecto, no debe ser parte del comité de construcción. Por lo menos, no debe ser parte del proceso de hacer la decisión.

Si alguien en la congregación pida hacer una oferta negociada, simplemente dile: "Por respecto para usted, no pongamos a usted en una posición donde alguien le pueda criticar a usted o a la iglesia porque piensan que podríamos haber hecho un trabajo más económico o mejor. Le invitamos a ser uno de los que van a dar un presupuesto, pero vamos a pasar por el proceso de aceptar ofertas abiertas".

¿Estamos diciendo que nunca debes tomar una oferta negociada? No, pero reconoce las trampas. Tal vez si tienes un alto nivel de confianza en un individuo u organización, y solamente quiere usarle a ellos, puedes mostrarles los planos y negociar un precio. Pero la sabiduría de eso depende completamente en cuanto sepas acerca de cuanto debe de costar el proyecto, y cuanta confianza tengas en el contratista para darle la oferta mejor. Presupuestos negociados son hechos muchas veces cuando hay confianza suficiente en una contratista en particular, pero el proceso competitivo suele traer las mejores ofertas.

No importa el sistema que escoges —si sea oferta abierta o negociada— mantén el proceso de selección con la mayor integridad. No te caes en la trampa de solicitar otras ofertas de otros solamente para obtener precios para que puedas machacar el contratista que hayas seleccionado.

Si tienes consejeros en el comité quienes son profesionales en los mismos trabajos donde estás recibiendo ofertas (pero quienes no tienen ningún interés financiero en el proyecto), aunque puedan ser miembros de la congregación, su participación en el proceso de tomar la decisión debe ser revelado a todas las personas que den una oferta. Aun más importante, cualquier interés financiero o material que tenga miembros del comité o de la congregación en el proyecto debe ser revelado y clarificado, para que todos sepan lo que está pasando. Evita conflictos de interés o situaciones con motivos escondidos.

Cuando se pelean los titanes

¿Cómo resuelve una situación donde un "experto" dentro de la congregación, o en el comité, tenga un desacuerdo con el "experto" que haya empleado o para avisarle o para hacer parte del trabajo? Sigue el principio de resolver conflictos descrito en Mateo 18:15-17 al sentar las dos personas juntas en un cuarto y decirles: "Ustedes no están de acuerdos. Les amamos y les respetamos, Experto #1, como miembro de nuestra congregación, y estamos pagándole a usted, Experto #2, para darnos su consejo o servicio profesional. Ustedes dos necesitan resolver este desacuerdo". No dejas que el conflicto sigue creciendo. Si no lo puedan arreglar, entonces el pastor debe sentar con los dos y facilitar. Y si eso no funciona, debes traer a un tercer experto para mediar entre los dos. Haz lo debes hacer y procede de una forma controlada y bíblica. Si no sigues principios bíblicos, si respondes en la carne o por los sentimientos, usualmente va a regresar a morderte.

Cuando actúas como facilitador, refuerza el respeto y amor para las dos personas involucradas, e insiste en no ponerles en posiciones o situaciones potencialmente comprometedores que puedan llevarse al criticismo o dudando uno a otro más adelante. Ayuda a los que no están de acuerdo a resolver los asuntos. Acaba con los desacuerdos y sigue el modelo bíblico para resolver los conflictos.

Los contratistas cristianos frente a los contratistas no cristianos

Yo he escuchado todos los argumentos en favor y en contra de usar contratistas cristianos y no cristianos. Cuando todo se acabe, yo diría que bases la decisión en la pericia e historia de la contratista. Si vas a tener cirugía del corazón, querrás el mejor cirujano que puedas pagar. Si es cristiano, que bueno. Es lo mismo al elegir un constructor.

Nunca pierdas la vista del objetivo grande y a largo plazo de ganar almas por Cristo. No te caes en la trampa de minimizar los costos con el contratista, intentando a obtener la mejor oferta, solamente terminando hacerle sentir que la iglesia fue un cliente terrible. Yo no estoy diciendo que debes de dejar a que todos te roben, pero yo prefería darle la otra mejilla en vez de que se diga que una vez yo me aproveché de alguien. Modela el auto-control, justicia, compasión y paciencia piadosa en tus negocios con todos conectados al proyecto. Recuerda, es el proyecto del Señor y el dinero del Señor y Él conoce mejor cómo utilizar sus recursos.

CAPÍTULO 13

LEYES Y OTRAS CONSIDERACIONES

Algunos países tienen leyes como, por ejemplo, la Ley de Americanos con Discapacidades (ADA), que fueron escritas en parte para asegurar igual acceso a facilidades públicos para personas discapacitadas. Estas leyes contienen requisitos de código para edificios que siempre han de ser parte de cualquier diseño. En un edificio nuevo, el arquitecto debe asegurarse de que todos los requisitos de cualquiera ley que pueda haber en el país han sido cumplidos como parte del diseño original. Necesitas ser cuidadoso si estás remodelando o añadiendo a edificio actual. Remodelando aun parte del edificio puede hacerte responsable a someterte a los estándares de dicha ley en todo el edificio. Dichas reglas puedan requerir la mejora o modernización de los edificios actuales (tales como sanitarios y entradas) aun si no sean una parte directa del proyecto de remodelación. Aun una obra menor de remodelación se puede resultar en construcción adicional costosa, tales como la construcción de rampas o aún la instalación de un elevador. Si ya tienes estrechado el presupuesto, requisitos de dichas leyes pueden ser una sorpresa sorprendente y no deseable.

¿Quién es responsable para la conformidad con dichas leyes? Si usas un arquitecto, él va a saber lo que se necesita hacer. Pero si estás haciendo un trabajo relativamente pequeño, tal vez usando una contratista dentro de la congregación, últimamente va ser la responsabilidad del pastor para asegurarse que se conforme la iglesia a los requisitos. Si no esta usando un arquitecto, tal vez querrá convocar un subcomité de conformidad a los códigos para investigar cualesquiera asuntos relevantes, solamente para estar seguro. Yo siempre mantengo que es mejor hacer las preguntas al principio que descubrir después de que no estaba en conformidad. Nadie quiere ser sorprendido en la inspección final.

Consideraciones de código de incendios

Una alteración relativamente menor al edificio puede tener además implicaciones de código de incendios. Si pasa ciertos niveles en términos del número de personas en un salón, o alguna otra trampa en el código, puede que necesites instalar puertas de incendio adicionales, proveer más salidas, renovar sus rociaderas o instalar un sistema de alarma. Sus planes de remodelación pueden que sean pequeños, pero el impacto en términos de requisitos adicionales puede ser muy grande.

Yo conozco de una iglesia que hizo un trabajo de remodelación para encerrar una área de aire libre afuera del vestíbulo. Porque el clima fue muy lluvioso por la mayoría del año en ese parte del país, no podrían usar esta área mucho, entonces decidieron encerrarlo en un vestíbulo grande y llamarlo "la alameda". Su diseño les permitió encerrar esta área del resto del edificio, y ellos tenían la intención de usarlo para reuniones de grupos, juntas sociales, y aun bodas pequeñas.

Durante el proceso de diseñarlo, un oficial de incendios vino para visitar. Los líderes de la iglesia ya supieron que necesitaban puertas para incendio, porque era un espacio abierto tan grande, pero el oficial de incendios también les dijo que necesitaban añadir rociaderas a todo el edificio. No solo rociaderas en la área nueva, no solo en el santuario a lado, pero en todo el edificio: hasta los salones de clase nuevos, el gimnasio, todo, un total de 98.000 pies cuadrados. Los líderes de la iglesia lo pensaron mucho y decidieron proceder con el proyecto, pero les costó $180.000 *adicionales*, más allá del presupuesto original.

Leyes y otras consideraciones

Consideraciones de estacionamiento

Vamos a decir que quieres aumentar la capacidad de los asientos en el santuario. Tienes un poco de espacio extra en el vestíbulo. Entonces decides cortar ese espacio en medio al mover una pared y añadir dos o tres bancas. Dentro del edificio es un plan relativamente sencillo, ¿pero cómo va a afectar los requisitos de estacionamiento los asientos adicionales? ¿Tienes la comunidad reglas que dicen que tienes que tener un espacio de estacionamiento por cada cuatro asientos? ¿Tienes suficiente espacios de estacionamiento en el terreno actual o va a necesitar añadir algunos para acomodar asientos adicionales? A menos que ya tengas estacionamiento excesivo (la cual no es probable en la mayoría de las iglesias), puede significar más pavimento, más nivelando, más dinero. No teniendo suficiente terreno para estacionamiento adicional es donde la mayoría de las iglesias son bloqueadas en el proceso de remodelación.

El fluir de tráfico es otra preocupación significante. Puede estar en un municipio que le diga: "Está bien donde estás: hasta que crezca. Si expandes el edificio, vas a tener que añadir otra entrada". Añadir otra entrada puede significar comprando más propiedad. Puedes ver el aumento de dinero que será necesario tener.

Yo conozco de un edificio donde el municipio ha dicho: "Vamos a permitir todo como está ahora, pero si añade *un solo* espacio más, ustedes van a tener que instalar una flecha en la calle". El municipio quiere la flecha *ahora*, porque el tráfico de la iglesia es tal que debe tenerlo, pero no van a regresar y forzar a la iglesia que lo haga, porque no lo mandaron al principio. Pero si la iglesia continúa creciendo, si añade otro espacio de estacionamiento, también tendrán que añadir una flecha señal y otro carril, la cual costaría mucho más dinero.

Estos son el tipo de asuntos que se presentan cuando empiezas a crecer y remodelar. Mucho de eso es depende de la jurisdicción. Si estás en un pueblo que tiene el principio de no crecer, esas restricciones van a dictar lo que pueda hacer. Si estás en una comunidad que está especialmente preocupada por el tráfico, o si tiene vecinos que están enojados y quejándose, el control de tráfico va a ser un asunto grande. Algunas áreas tienen limitaciones de sonido, restricciones de altura o cualquier otro número de consideraciones.

Yo conozco de una universidad cristiana que quería construir un dormitorio nuevo. A causa de preocupaciones de ruido expresado por los vecinos cuyas casas estaban juntas al sitio de los dormitorios, la universidad decidió construir el dormitorio con ventanas selladas y aire acondicionado, para prevenir que los estudiantes abrieran las ventanas mientras que sus amplificadores estuvieran puestos fuertes. Teniendo ventanas que no abren se crea asuntos de código de incendios, por supuesto, tales como la necesidad para vestíbulos más amplios y salidas adicionales. Muchos asuntos de construcción requieren cambios similares.

Estándares cambiantes de la comunidad

No siempre es un asunto de seguridad o acceso para los incapacitados que desalientan a proyectos de remodelación. A veces los estándares de la comunidad se cambian. Yo conozco de una iglesia que se empeñó en hacer un trabajo relativamente sencillo de expandir su vestíbulo para proveer más espacio para que las personas pudieran congregarse entre servicios, y terminaron teniendo que pavimentar un estacionamiento como resultado. La iglesia había estado en el mismo lugar por años, y nadie se había quejado del estacionamiento, pero la ciudad había "crecido" y los estándares de la ciudad se habían cambiado. Tan pronto que la iglesia pidió por el permiso para remodelar el vestíbulo, se encontraron con el código de edificio que les forzó pavimentar el estacionamiento. El asfalto es muy costoso y la diferencia entre el costo de la grava y el pavimento es astronómica. En este caso, el requisito adicional casi dobló el costo del proyecto de la iglesia. Aun en un edificio establecido con un permiso valido de ocupación, si decides remodelar, muchas veces hay asuntos escondidos que se puedan levantarse y morderle. Es importante que entiendes las normas y expectativas de la comunidad. No quieres sorpresas que terminan doblando los costos.

Cómo obtener permisos

No puedes tomar permisos por dados, porque tal vez no sean disponibles a causa de asuntos cíclicos del ambiente. Algunas áreas de la nación han adoptado una mentalidad de no crecer que pueda transformar al proceso de permisos en un campo de minas. Tan pronto que aplicas por cualquier tipo de permiso, te pegas contra mucha resistencia.

Cuando nosotros estábamos construyendo en California, el gran alboroto fue acerca de la capacidad de drenaje. Debido a las limitaciones en la estación depuradora, el condado y el municipio que se estaba levantando estaban usando el sistema de drenaje para controlar el crecimiento. Llegó a ser un verdadero batalla de poder en esa región en particular. Como resultado, yo llegué a ser muy involucrado en la comunidad —como ciudadano privado— y terminé sirviendo en el subcomité que escribió un nuevo decreto en adquirir sistemas de drenaje. Cuando el decreto finalmente fue establecido, nuestra iglesia fue segunda en la línea después de un vulcanizador que necesitaba otro baño adicional. Nosotros necesitábamos catorce lavabos en nuestra propiedad, y eventualmente los obtuvimos. Afortunadamente, habíamos escrito "asuntos de drenaje" en nuestro acuerdo de compra del terreno, como uno de los veintidós contingencias; entonces las demoras no fueron nuestro gasto.

Requisitos de código se variarán por región del país y por municipio. En California, por ejemplo, seguridad de terremotos es un asunto grande. En otras partes, puede ser tornados o huracanes. Muchas veces, los códigos se cambian al pasar el tiempo mientras el gobierno intenta aguantar varios riesgos de desastres naturales. Si tienes un edificio antiguo, las probabilidades son que no ha sido construido de acuerdo al código actual, y puede enfrentarse con requisitos de modernización costosos si intente el proyecto más pequeño. Por ejemplo, puede ser requerido a instalar cerrojos de cimiento ú otras cosas para aguantar terremotos.

En algunos municipios, puede que necesita aplicar por un permiso adicional si cambia el uso de su edificio en alguna manera. Siempre investigue para chequear cuales tipos de códigos de ADA, incendios, y otros requisitos de códigos de edificio van a afectar su edificio antes de que avance demasiado con su proyecto.

Consideraciones de seguro

Si pides prestado fondos para completar el proyecto de construcción, el prestamista probablemente va a requerir seguro de "curso de construcción", que no es parte de tu cobertura regular. Si tienes un edificio actual y lo estás remodelando o añadiendo a ella, querrás añadir "curso de construcción" para cubrir el proyecto. la compañía de seguro tal vez pedirá al contratista a vender un bono certificando que tiene los recursos necesarios para completar el proyecto.

Si aumentas el tamaño del edificio, también puedes aumentar el costo del seguro, porque hay tantas áreas donde las iglesias son expuestas a la responsabilidad: ancianos bajando las escaleras, un pedazo suelto de alfombra, caídas, resbaladas y todo tipo de cosas. Depende del tamaño del local, la compañía de seguro puede enviar un especialista de minimizar riesgos para ver el edificio por riesgos potenciales. El asegurador tal vez ofrecerá algún tipo de descuento si la iglesia tiene un comité de seguridad.

Aquí está un bosquejo de un esquema de coberturas que pueden ser incluidos en una póliza de seguro. El agente de seguro haría un programa específico para tus necesidades, pero por el propósito de ilustración, las siguientes coberturas pueden ser provistos:

I. Seguro de propiedad
   A. Propiedad asegurada
      1. Edificios de los cuales eres dueño (incluyendo muebles instalados permanentes, luces, equipo, vidrio, vidrio pintado, órganos, instalaciones de aire libre y letreros).
      2. Propiedad personal de la iglesia de la cual es dueño y propiedad personal en su cuidado o control.
      3. Cobertura de ordenanzas de edificios: paga por pérdidas resultando del cumplimiento de leyes y decretos de edificios que requieren que la propiedad sea reconstruida de acuerdo a códigos de edificio actuales. Los tres tipos de pérdidas que son cubiertos son:
         a. Costo de destrucción: el costo para destruir la porción no dañada de un edificio.
         b. Valor de la porción destruido: el valor de la porción no dañada del edificio que necesita ser destruido.
         c. Costo aumentado de construcción: el costo aumentado para reparar o reconstruir la propiedad causado por el cumplimiento de leyes del uso de edificio, zonas o terreno.
   B. Causas de pérdidas cubiertas
      "Riesgos" de pérdidas físicas directas o daños a la propiedad cubierta. Esta forma no cubrirá ciertos riesgos designados, tales como, pero no limitado a, riesgos nucleares, guerra, polución, uso e inundaciones.
   C. Base de valoramiento
      Costo de reemplazamiento, significando el costo para reparar o reemplazar la propiedad con semejante tipo y calidad sin desprecio, a menos que la iglesia elija no

construir; entonces la pérdida está fija en una base de valor actual.

D. Límite de cobertura general

Se aplica en una base de por ocurrencia, por local, con una provisión de confirmación de una cantidad convenida que no puede superar costos de reemplazo, o valor mostrado en una declaración de valores en los archivos de la compañía de seguro, cualquiera sea menos.

E. Extensiones de cobertura disponible. Todas las cantidades son por ocurrencia. "Incluido" significa incluido en el límite general.

1. Limpieza del sitio y remoción de contaminantes resultando de una perdida cubierta (excepto asbestos) $25.000

2. Servicios de Departamento de Bomberos: $50.000

3. Edificios en sitios recién adquiridos (limitado a 180 días desde la fecha de adquisición) tienen que ser reportado a la compañía de seguro: $1.000.000

4. Construcción nueva en sitios asegurados (limitado a 180 días desde la fecha de adquisición) tiene que ser reportado a la compañía de seguro: $1.000.000

5. Propiedad de la iglesia, empresa o personal en un sitio recién adquirido (limitado a 180 días desde la fecha de adquisición) tiene que ser reportado a la compañía de seguro: $1.000.000

6. Cobertura para locales misceláneos no nombrados para equipo pequeño y móvil usado en la propiedad de la iglesia, tales como una motocicleta no licenciada y otra propiedad personal (excluyendo remolques): $100.000

7. Estructuras relacionadas: incluido

Leyes y otras consideraciones

8. Cimientos: incluido
9. Pertenencias personales adueñado por los empleados, incluyendo el pastor, mantenido en la iglesia, para uso de la iglesia (además de seguro personal), por ocurrencia, por local (incluyendo robo): $25.000 o más.
10. Propiedad personal de otros en el sitio asegurado (además de seguro personal). Límite por persona: $1.000. Límite por ocurrencia, por local: $25.000
11. Propiedad en su cuidado, custodia, y control. $100.000
12. Responsabilidad legal para daño a propiedad alquilada o rentada. Límite por local: $100.000 o más.
13. Propiedad adueñada por la iglesia fuera del local: incluido
14. Propiedad adueñada por la iglesia en tránsito. Por transporte: $10.000 o más
15. Propiedades de aire libre, incluyendo letreros no pegados a edificios, cercas, torres de radio, televisión o antenas parabólicas, árboles, arbustos y plantas (basándose en riesgo nombrado, incluyendo riesgo de viento): incluido
16. Casas móviles / modulares (sujetos a los mismos riesgos que edificios). Ninguna cobertura de viento provisto dentro de 50 millas de agua abierta en los siguientes estados: Kansas, Oklahoma, Texas, Florida, Alabama, Misisipí, Georgia, Luisiana, Carolina del Sur y del Norte: $50.000
17. Papeles valiosos: $25.000 o más
18. Destrucción y costos aumentados de construcción resultando de la ejecución de leyes de edificio u ordenanzas, hasta un máximo de 25 por ciento de la cantidad pagada por daños físicos directos, sujetos a un máximo de $50.000 o más
19. Remoción de escombros (si la pérdida es causada por un riesgo cubierto. Esto es un sublímite y es parte

del límite total). Cobertura es 25 por ciento de la cantidad pagada por pérdidas físicas directas o daños, sujetos a un máximo de $100.000

20. Cobertura de vidrio, incluyendo vidrio pintado: incluido

21. Tapado de drenajes, aguas elevadas: incluido

22. Fallo de utilidades fuera de local (incluyendo agua, comunicaciones, y provisiones de electricidad): incluido

23. Recargo de equipo de protección de incendios: $25.000

F. Deducible estándar

1. $500 por ocurrencia, a menos que:

2. $1.000 por ocurrencia en el estado de Texas (deducibles más altas se pueden aplicar en ciertos condados y partes de Sur, Este, como se refiere a viento y granizo).

3. Deducibles diferentes son mostrados en el presupuesto como arriba de o en el certificado de participación individual. El deducible será la responsabilidad de cada entidad asegurada. Iglesias son obligadas a implementar un programa efectivo de control de pérdida para asistir en la reducción de reclamos. Pérdidas de alta frecuencia resultarán en un deducible más alto. Empleados de control de pérdida son disponibles para asistir.

II. Cobertura de calderas y maquinaria: cobertura de descomposición de equipo

A. Calefacción, ventilación, aire acondicionado, equipo de computación

B. Equipo de refrigeración. Se cubre explosiones y descomposición.

CAPÍTULO 14

FELIZ PARA SIEMPRE: MANTENIMIENTO

Un elemento que se pasa por alto muchas veces pero que es absolutamente esencial del proceso de diseño es planear por el mantenimiento. Ya que está completada el edificio hermoso, ¿cómo se va a mantener limpio? ¿Dónde se van a ubicarse todas las facilidades para mantenimiento? ¿Has incluido al diseñador un número suficiente de cuartos de limpieza con lavabos para trapeadores y espacio suficiente para el equipo necesario? ¿Hay suficientes conexiones eléctricas en los vestíbulos para acomodar la aspiración? Estos son los tipos de preguntas que debes hacer al arquitecto al principio. Pregúntale temprano, porque si él pasa por alto algo importante, como un cuarto de limpieza, por ejemplo, es muy difícil arreglar más tarde. ¿Cómo puedes instalar un lavabo para trapeadores en medio del vestíbulo si no hay un cuarto? Primeramente tienes que crear el espacio y después conectar el drenaje. Arregla estos detalles en el proceso de planificación para evitar cambios costosos y subversivos después.

Basado en el número y ubicación de sus sanitarios, ¿dónde vas a albergar provisiones cerca de mano? ¿Y tienes un plan para mantener a los baños limpios y frescos? ¿Hay espacio suficiente para albergar provisiones y equipo de limpieza? No van a poder caber en cualquier cuarto. Necesitas dejar espacio.

Dentro de las restricciones del diseño, asegúrate que los superficies se pueden lavar, porque va a tener tráfico constante con personas entrando y saliendo. No quieres pintura que no se puede lavar y por lo menos limpiar.

Cómo construir y financiar su templo

Planear por la conservación

Como parte del proceso de diseño, el comité de construcción debe establecer un horario de mantenimiento. Su planeador maestro puede dar unos consejos, pero necesitas desarrollar un plan específico para seguir a las recomendaciones de mantenimiento del fabricante. Por ejemplo, ¿cuándo debe ser pintado el edificio? ¿Adentro? ¿Afuera? ¿Cómo y cuándo debe ser mantenido el techo? ¿Cuál tipo de tratamiento necesita? ¿Qué tan frecuentemente deben ser reemplazados los filtros, y cuáles otros tipos de mantenimiento de calefacción y aire acondicionado son necesarios? Yo conozco de una iglesia que estaba apunto de demandar a su contratista por problemas con la ventilación. Cuando el técnico de servicio vino a evaluar la situación, él descubrió que los filtros del sistema de calefacción nunca habían sido cambiados, y estaban repletos de polvo y tierra. No hay duda porque la compresa se descompuso.

¿Y qué de reemplazar los tubos de luces fluorescentes? Se parece como un trabajo sencillo, hasta que está parado sobre el piso del santuario mirando hacia arriba a las luces seis metros arriba de su cabeza. No puedes solamente subir sobre una escalera, se necesita el equipo apropiado. En algunos santuarios, es necesario un sistema de andamio para poder alcanzar las luces con seguridad. No solo porque esa es la manera para hacerlo bien, pero también a causa de las responsabilidades legales que pueden surgir de no hacer el trabajo correctamente.

Si tienes una situación de mantenimiento difícil —como una araña de luces que se cuelgue seis metros arriba del piso— trabaja con el diseñador para ver cómo se puede manejar el mantenimiento. ¿Cómo lo vas a limpiar, quitar el polvo, cambiar los focos? Puede ser que necesites comprar focos basado en la vida estimada y después seguir una rutina de reemplazo para cambiar todos los focos al mismo tiempo antes de que un número crítico se apague. No vas a querer subirte hasta allí cada vez que un foco se apague.

Feliz para siempre

Mantenimiento de alfombras: Cualquier fabricante de alfombras diría que el alfombra se desgasta más rápido si polvo y tierra se entran en ella que si se mantienen limpio. Aspirar regularmente y limpiarlo periódicamente no solo lo mantiene bien, pero también se extiende su vida. Es mucho menos costoso mantener un alfombra que reemplazarla, especialmente si hay mucho labor involucrado en quitar las bancas y moverlos afuera y después encerrarlos con cerrojos otra vez. Áreas de mucho tráfico se requieren un plan de mantenimiento para mucho tráfico para mantener los pisos y las paredes limpios y las luces funcionando.

Mantenimiento de afuera: Tener un jardín de mala hierbas enfrente, pasto muerto o latas de bebida tiradas en el estacionamiento, no se ven bien. ¿Cómo se va a mantener el paisaje, estacionamientos y exteriores de los edificios? Muchas iglesias lo hacen con voluntarios, sean jardineros los fines de semana, personas retiradas o casi retiradas quienes les gustan estar ocupados. Si la congregación tiene esos tipos de dones e intereses, y si los voluntarios son dispuestos a hacer el trabajo regularmente, eso es bueno. No dejas el mantenimiento de afuera a la probabilidad. Desarrolla un plan.

En algunas comunidades, el mantenimiento se incluye el grafito. La mejor solución para grafito y el vandalismo es tener pintura a mano para que se pueda borrarlo de inmediato. No importa cuántas veces ellos regresen o cuántas veces tengas que pintar sobre el grafito, hazlo de inmediato. Tarde o temprano, los vándalos se van a cansar de molestar, y mientras el edificio se va a parecer lo mejor posible.

Lo más importante es que la propiedad que se rodea el edificio se parece bonito el domingo en la mañana, porque es la primera cosa que las personas van a ver. Y en consideración a sus vecinos, debe verse bonito los otros seis días de la semana también. Si las partes de afuera no se ven bien, no habla bien de lo que está pasando por dentro. "Si no se pueden cortar el pasto y arrancar las malas hierbas, ¿qué tanto le da el pastor su atención al preparar sus sermones?"

Cómo planear por la depreciación

Todas las cosas en un edificio tienen una vida que se esperan durará, pero es probable que si estás enfocado en el ministerio y expandiendo de acuerdo con el plan, vas a estar haciendo algún tipo de proyecto —remodelación, añadidura o nuevo edificio— cada cinco a siete años. Asuntos de obsolescencia y el término medio de vida deben de ser arreglados en el curso de ese proceso.

Al contrario, debes planear por un tiempo muy corto con relación a tecnología (presentaciones, proyectores, multimedia) antes de que vayas a querer o necesitar reemplazar o mejorar las instalaciones. Cuando el tiempo venga, el equipo puede ser perfectamente útil para el propósito y puedes elegir a no reemplazarlo, pero debes planear para mejoramiento de acuerdo al calendario estimado de obsolescencia para que el dinero sea disponible en el presupuesto.

El mantenimiento como mayordomía

A muchos pastores y miembros de la iglesia no les gusta hablar del ministerio como un "producto", pero el hecho es que las personas forman sus opiniones basado en las apariencias. Si las instalaciones se ven feas, visitantes no van a regresar. Van a ir a otro lugar en la ciudad que se parece limpio y fresco. Nuestra sociedad tiene expectativas altas. La facilidad debe reflejar los estándares de la comunidad que quieres alcanzar: no escasamente y no demasiado.

Si no puedes pagar por lo mejor, haz lo mejor que puedas con lo que puedas pagar. Si verdaderamente tienes una visión para alcanzar a la comunidad, tienes que presentar la apariencia que es atractiva a las personas de la comunidad. La iglesia debe modelar la misma excelencia que Dios modeló en su creación.

Feliz para siempre

Nosotros invertimos en instalaciones de mucha calidad para que pudiéramos alcanzar al pueblo. No estamos buscando los mejores productos solamente para obtenerlos, sino estamos invirtiendo en el futuro y en las vidas de las personas, y necesitamos gastar lo que sea necesario para poder trabajar como necesitamos. Si quieres vivir feliz para siempre en el edificio, es apreciable reconocer que las responsabilidades de mayordomía se extienden al edificio y propiedad. Si se mira a la facilidad como una pieza de equipo de ministerio —una herramienta para ayudarte a alcanzar a la comunidad—, ¿cómo lo vas a mantener para que se vea bien, para que sea limpio, agradable y atractivo? El mantenimiento es algo básico, pero si no tienes un calendario y un plan, muchas veces se pasa por alto.

Si quieres que el edificio sea un factor positivo en el ministerio, en vez de un estorbo o desconcierto, el mantenimiento es un asunto crítico. Si la gente entra el domingo en la mañana y se ven basura en el piso del vestíbulo porque no fue aspirado, eso envía un mensaje subliminal acerca de la calidad de todo lo demás en la iglesia. Es como bajar la mesa en un avión y encontrar manchas de café sobre ella. Yo no sé lo que pensarías, pero la primera cosa que pasa por mi mente es: "Bueno, si no limpian las mesas, me pregunto ¿qué tan bueno arreglen los motores?" Si no se mantiene las cosas pequeñas, ¿cómo pueden estar seguras las otras personas de que las cosas importantes estén recibiendo la atención apropiada?

El edificio debe ser considerado, no como una maldad necesaria, no solo como una inversión de capital, pero como un lugar para ministerio, una herramienta para alcanzar a otros para Cristo y debe ser agradable para otros. El mantenimiento tiene todo que ver con que tan agradable va a ser el edificio a otros.

El mantenimiento regular también preserva la efectividad de costo del edificio. Si siempre está atrasado en los asuntos de mantenimiento ignorado, vas a gastar mucho dinero adicional en el proceso. Es mucho mejor tratar con los asuntos de mantenimiento mientras avance.

Si has invertido una cantidad significante de dinero en las instalaciones, tienes una responsabilidad de mayordomía y ética —además que un incentivo práctico— para gastar el dinero y el esfuerzo para mantenerlo. De otra forma, se desprecia y se deshace delante de los ojos.

Aun si la congregación sea pequeña y no puede pagar por un custodio de tiempo completo, aún si se depende de voluntarios, todavía necesitas un horario de mantenimiento. De hecho, un horario es aún más importante si estés dependiendo de voluntarios, porque necesitas cierta contabilidad para asegurarte de que las actividades de mantenimiento suceden con frecuencia y suficientemente bueno para mantener el edificio en buen estado. Desarrolla una lista de cosas para hacer y nombra a alguien para chequear regularmente para asegurarse de que la facilidad está en la condición más alta. Es bueno usar voluntarios cuando sea posible para mantener a los costos bajos, pero todavía tienes que asegurarte de que la calidad sea mantenido y que el trabajo esté bien hecho.

Puedes tener miembros maravillosos, con buenas intenciones, quienes quieren hacer la cosa correcta, pero si no tienen la habilidad ni la experiencia, necesitan adiestrarlos para que lleguen a un nivel de aptitud que se cumple con la necesidad, o necesitas algún tipo de supervisión que modela la manera correcta y se asegura de que el trabajo está siendo hecho apropiadamente.

El mantenimiento empieza con los líderes

Cuando caminas por el vestíbulo de la iglesia y ves un pedazo de papel en el piso, ¿te detienes para quitarlo o sigues caminando? Yo no estoy diciendo que el pastor debe ponerse la gorra del custodio y hacer toda la limpieza y el mantenimiento. No hace nada bueno que el pastor esté en el baño con el destapador cuando debe estar en el púlpito o preparando su sermón, pero tampoco sirve al cuerpo si ignora los problemas obvios que necesitan ser arreglados. El liderazgo tiene mucho que ver con demostrar el ejemplo correcto y establecer prioridades. Un pastor debe hacer todo lo que pueda hacer apropiadamente él mismo, y encontrar a alguien más para hacer el resto. El punto es que el mantenimiento no es un asunto mínimo o casual. No es una idea adicional, una maldad necesaria, algo para aguantar. Es un elemento clave mantener limpio el edificio y hacerlo agradable para la congregación y visitantes. El mantenimiento regular da respeto a los que están dando regularmente a la iglesia. ¿Por qué? Porque están poniendo sus diezmos y ofrendas en la casa y deben de poder ver que su inversión está siendo tratado con respeto.

Si estás empezando un nuevo proyecto de construcción, o remodelando el edificio actual, aquí es donde se empieza la aventura. Es mi oración que Dios otorgue visión y dirección y que este libro sea como un mapa que puedas seguir. ¡Bendiciones!